Fé, justiça e paz: o testemunho de Dorothy Day

CB023667

PUC
RIO

Reitor
Pe. Josafá Carlos de Siqueira SJ

Vice-Reitor
Pe. Francisco Ivern Simó SJ

Vice-Reitor para Assuntos Acadêmicos
Prof. José Ricardo Bergmann

Vice-Reitor para Assuntos Administrativos
Prof. Luiz Carlos Scavarda do Carmo

Vice-Reitor para Assuntos Comunitários
Prof. Augusto Luiz Duarte Lopes Sampaio

Vice-Reitor para Assuntos de Desenvolvimento
Prof. Sergio Bruni

Decanos
Prof. Paulo Fernando Carneiro de Andrade (CTCH)
Prof. Luiz Roberto A. Cunha (CCS)
Prof. Luiz Alencar Reis da Silva Mello (CTC)
Prof. Hilton Augusto Koch (CCBS)

Fé, justiça e paz: o testemunho de Dorothy Day

organização
**Maria Clara Lucchetti Bingemer
Paulo Fernando Carneiro de Andrade**

© Editora PUC-Rio
Rua Marquês de S. Vicente, 225
Projeto Comunicar – Casa Agência/Editora
Gávea – Rio de Janeiro – RJ – CEP 22451-900
Telefax: (21)3527-1760/1838
edpucrio@puc-rio.br
www.puc-rio.br/editorapucrio

Conselho Gestor
Augusto Sampaio, Cesar Romero Jacob, Fernando Sá, Hilton Augusto Koch, José Ricardo Bergmann, Luiz Alencar Reis da Silva Mello, Luiz Roberto Cunha, Paulo Fernando Carneiro de Andrade e Sergio Bruni

Revisão
Gilberto Scheid

Projeto gráfico de capa e miolo
José Antonio de Oliveira

Foto da capa (detalhe)
CNS photo/Jim Forest (Milwaukee Journal)

© Paulinas Editora
Rua Dona Inácia Uchoa, 62
04110-020 – São Paulo – SP (Brasil)
Tel.: (11) 2125-3500
http://www.paulinas.org.br – editora@paulinas.com.br
Telemarketing e SAC: 0800-7010081
© Pia Sociedade Filhas de São Paulo – São Paulo, 2016

Direção-geral: Bernadete Boff
Editora responsável: Vera Ivanise Bombonatto

Conselho Editorial
Dr. Antônio Francisco Lelo, Dr. João Décio Passos, Ir. Maria Goretti de Oliveira, Dr. Matthias Grenzer, Dra. Vera Ivanise Bombonatto

Todos os direitos reservados. Nenhuma parte desta obra pode ser reproduzida ou transmitida por quaisquer meios (eletrônico ou mecânico, incluindo fotocópia e gravação) ou arquivada em qualquer sistema ou banco de dados sem permissão escrita das Editoras.

Fé, justiça e paz : o testemunho de Dorothy Day / organização Maria Clara Lucchetti Bingemer, Paulo Fernando Carneiro de Andrade. – Rio de Janeiro : Ed. PUC-Rio ; São Paulo : Paulinas, 2016.
   136 p. ; 21 cm
   Inclui bibliografia
   ISBN (PUC-Rio): 978-85-8006-194-9 ISBN (Paulinas): 978-85-356-4191-2

   1. Day, Dorothy, 1897-1950. 2. Igreja e problemas sociais – Igreja Católica. 3. Movimento Operário Católico. I. Bingemer, Maria Clara Lucchetti. II. Andrade, Paulo Fernando Carneiro de.
                                                                 CDD: 261.83

1ª edição – 2016
1ª reimpressão – 2016

Sumário

7   Introdução
O legado de Dorothy Day para a América Latina hoje
Maria Clara Lucchetti Bingemer

11   Dorothy Day, a Igreja dos Pobres e o Mistério da Salvação
Paulo Fernando Carneiro de Andrade

23   Fé e justiça na perspectiva bíblica
Leonardo Agostini Fernandes

45   A padroeira do anarquismo: Dorothy Day e a construção da memória eclesial
Michael L. Budde

65   Radicalismo inaciano: as raízes do retiro do Movimento Operário Católico na espiritualidade jesuíta
Benjamin Peters

85   Fé e razão na revolução personalista de Dorothy Day
Michael L. Baxter

103   Dorothy Day: uma mística de olhos abertos
Maria Clara Lucchetti Bingemer

117   "Nós somos os culpados pela guerra": Dorothy Day sobre violência e culpa no Corpo Místico de Cristo
William Cavanaugh

135   Sobre os autores

Introdução
O legado de Dorothy Day para a América Latina hoje

Maria Clara Lucchetti Bingemer

QUALQUER UM QUE SE DEBRUCE SOBRE A VIDA DE DOROTHY DAY NÃO pode senão confessar-se fascinado por sua pessoa e biografia. Ela parece haver alcançado uma interface que muitos de seus contemporâneos sempre perceberam como impossível e excludente. Ela era convertida ao catolicismo tradicional pré-conciliar e uma radical com compromissos políticos de corte anarquista. Ou seja, uma pessoa situada politicamente à esquerda.

Ela mesma, em seu livro autobiográfico *The long loneliness*, publicado originalmente em 1952, revela seu próprio olhar sobre o processo de conversão que marcou sua vida, primeiro ao radicalismo e posteriormente ao catolicismo. O fruto maduro desse processo será a fundação por parte dela do Catholic Worker Movement (CWM). É o que reivindica quando diz no prefácio de seu livro autobiográfico: "Eu tenho o direito de dar conta de mim mesma, uma razão para a fé que habita em mim."[1]

A conversão de Dorothy Day — séria, radical e coerente até o final — acontece após um sério encontro seu com Marx. Ela apresenta a seus leitores e a todos os que com ela conviveram uma fé refletida e testada no fogo das célebres palavras marxistas: "a religião é o ópio do povo". No entanto, para ela, abraçar a fé que emana dos ensinamentos de Marx e incorporar essa crença em um compromisso religioso faz dela uma pioneira para o que foi o caso de muitos cristãos — e muito especialmente na América Latina — de uma fé pós-marxista.

Para alguns pesquisadores da vida e obra de Dorothy Day, o CWM é considerado como algo que encarna uma teologia da libertação implícita no contexto da América do Norte, notadamente os Estados Unidos.[2] Esse movimento, por mais de 80 anos de existência, tem procurado defender a prática do personalismo, da pobreza voluntária, da prática cotidiana das obras de misericórdia, da não violência e da autêntica libertação do pecado pessoal e social, que chama à conversão dos corações e transformação das estruturas.[3]

O objetivo de Dorothy Day e seu parceiro Peter Maurin, cofundadores do CWM, era "criar uma sociedade na qual seria mais fácil ser bom".[4] Para isso, o jornalzinho que publicavam teve papel importante. Sua meta era atingir aqueles que fossem mais afetados pela desumanização e injustiça.[5] E nos anos 1930, quando o CWM começou, a preocupação mais forte para a qual apontava era o desemprego massivo e a terrível pobreza causada pela Grande Depressão. Desde aí, mesmo se os desafios mudaram em forma e conteúdo, o movimento continuou sempre fiel ao compromisso e à solidariedade com os menores e marginalizados da sociedade, por meio de greves, lutas trabalhistas, protesto contra guerras e constantes perseguições e encarceramentos.

Nas próprias palavras de Dorothy, essas ações entre os pobres, protestando contra a guerra e a injustiça, eram equivalentes a testemunhar que o Evangelho podia ser vivido.[6] O CWM desejava viver um compromisso cristão radical[7] a fim de criar uma nova sociedade "dentro da casca da velha".[8] Os propósitos do CWM são: uma crítica da distribuição injusta da riqueza; uma crítica da organização política do governo; uma crítica das imagens distorcidas da pessoa humana causadas por classe, raça e sexo; uma forte condenação da corrida armamentista.[9] Os meios para chegar a esses fins são: uma concepção personalista do ser humano; uma sociedade descentralizada; não violência; obras de misericórdia; e pobreza voluntária.[10]

Os pobres são, então, o centro do trabalho do CWM, tal como o foram da vida e do trabalho de sua fundadora. Dorothy Day sempre centralizou sua espiritualidade e seu testemunho nesses que são os últimos da Terra e os preferidos de Deus. Em suas próprias palavras: "Enquanto nossos irmãos sofrem, nós devemos ter compaixão por eles, sofrer com eles. Enquanto nossos irmãos sofrem por falta de necessidades, nós devemos recusar-nos a gozar de conforto."[11]

O encontro concreto diário de e com os pobres e oprimidos é o "amor duro e terrível" sobre o qual ela tantas vezes falou.[12] Ela era muito lúcida sobre a fragilidade moral e a condição pecadora dos pobres, semelhantes a todos os seres humanos. E, portanto, não se fazia ilusões sobre isso. Eis por que escreveu muito sobre

> [...] a amargura dos pobres, que enganam uns aos outros, que exploram uns aos outros mesmo quando eles mesmos são explorados, que desprezam uns aos outros, mesmo quando eles são os desprezados. E deve--se esperar que virtude e despojamento andem juntos? Não... eles são os despojados em todas as maneiras, despojados dos bens deste mundo, despojados de honra, de gratidão, de amor; eles necessitam tanto que não podemos separar as obras de misericórdia e dizer eu vou fazer esta ou esta outra. Nós as encontramos todas juntas.[13]

A intuição de Dorothy Day em toda essa concepção de serviço aos pobres antecipa de muitos anos a da Teologia da Libertação, que começou na América Latina no final dos anos 1960, quando concebeu o Deus da revelação judaico-cristã como um Deus "parcial", que "prefere" os pobres a todos os demais.[14] A razão para isso não é que os pobres sejam moralmente superiores a outros. Ao contrário: a razão é exatamente porque eles são pobres e, portanto, mais necessitados do que os outros. Como um pai terno e amoroso, Deus se aproxima mais daqueles que estão mais necessitados, o órfão, a viúva, o estrangeiro.[15] Deus dá apoio àqueles que não têm ninguém por eles, fala por eles e é seu advogado. E assim devem ser aqueles que amam a Deus e querem fazer Sua vontade na Terra.

Esse é o berço no qual nasceu o CWM. Em pequenos e concretos gestos, como escrever um jornal e distribuí-lo cobrando um centavo por exemplar, ou acolhendo os necessitados em uma casa ao redor de café e abrigo. Essas ações, como o grão de mostarda, devem crescer e ter repercussões políticas por todo lado. Décadas depois, nós as veríamos novamente no coração da Igreja latino-americana. Tal como os teólogos da libertação fizeram muitos anos depois, Dorothy Day e Peter Maurin combinaram um comportamento inspirado na filosofia do direito com a ação concreta, inspirada por uma teologia do amor encarnado.[16] Eis por que podemos encontrar tanto em comum entre o legado de Dorothy Day e a reflexão teológica que encontramos na América Latina após o Concílio Vaticano II.

Este livro tem a intenção de revisitar esse legado com olhares do Norte e do Sul. Os textos de intelectuais do Norte, estadunidenses e conterrâneos de Dorothy Day — como William Cavanaugh, Michael Baxter, Michael Budde e Benjamin Peters —, dialogam com as reflexões de teólogos do Sul, da América Latina e sobretudo do Brasil — Paulo Fernando Carneiro de Andrade, Maria Clara Bingemer, Leonardo Agostini — procurando pontos em comum e enriquecedoras diferenças.

Se este livro despertar o apetite dos leitores de língua portuguesa para fazer essa extraordinária figura mais conhecida no continente do papa Francisco, já terá certamente cumprido seu objetivo.

Notas

1 *The long loneliness: an autobiography.* Introdução de Daniel Berrigan. Ed. reimp. Nova York: Harper & Row, 1981. p. 11.

2 Joe McKenzie. HamiLiberation Theologyon. *To afflict the comfortable and comfort the afflicted.* Dissertação (Mestrado), Fordham University, Nova York, 1986. p. 60.

3 Ibidem, p. 61.

4 Thomas C. Cornell, Robert Ellsberg e Jim Forest (Eds.). *A penny a copy*: readings from the Catholic Worker. Nova York: Orbis, 1995. p. xiii.

5 Ver CW May 1933: *"For those who are sitting on park benches in the warm spring sunlight. For those who are homeless trying to escape the rain..."* and so on.

6 Cf. Robert Ellsberg. *Dorothy Day*: selected writings. Nova York: Orbis, 1992. p. xvi.

7 Segundo P. Maurin, ser radical é ir até as raízes do problema, iluminando-o com a revelação e a tradição cristãs.

8 A posição de Dorothy Day e de seu movimento pode ser classificada como anarquista-cristã. Esse é um movimento nascido e configurado na filosofia política e na teologia política. É a crença em que só há uma fonte de autoridade que os cristãos devem reconhecer; em última análise, a autoridade de Deus encarnada nos ensinamentos de Jesus de Nazaré. O pacifismo é uma das características desse movimento. Assim também a rejeição da guerra de qualquer espécie. Leon Tolstoi, que foi lido por Dorothy Day desde sua juventude, é uma fonte inspiradora para tal. Os anarquistas cristãos denunciam o Estado como violento e com potencial para tornar-se uma forma de idolatria.

9 Ver nota anterior.

10 Cf. Joe MacKenzie. HamiLiberation Theologyon. Op. cit., p. 64.

11 Cf. Stanley Vishnewski. Nova York: Paulist Press, 1970. p. 52.

12 "Love in action is a harsh and dreadful thing compared to love in dreams" is a sentence written by Dostoievsky in the "Brothers Karamazov" through the mouth of Staretz Zosima who had great influence in Dorothy Day and was frequently pronounced by her. See about that J. Forest, A Harsh and Dreadful Love: Dorothy Day's Witness to the Gospel, in http://www.jimandnancyforest.com/2005/01/09/a-harsh-and-dreadful-love/ accessed on March 1st 2012. See also the book of W. Miller, A harsh and dreadful love, Milwaukee, Marquette, 2005.

13 Cf. Robert Ellsberg. Op. cit., p. 100.

14 Ver Ronaldo Munoz. *O Deus dos cristãos*. Petrópolis: Vozes, 1985.

15 Cf. Is 1, 17-23; Jer 7,3; 49,11; Ez 22,7.25; Sac 7,10; Mal 3,5.

16 Cf. Joe Mackenzie. HamiLiberation Theologyon, p. 80.

Dorothy Day, a Igreja dos Pobres e o Mistério da Salvação

Paulo Fernando Carneiro de Andrade

1. Dorothy Day e o mistério dos pobres

EM SUA VIDA, DOROTHY DAY ANTECIPOU EM MUITAS DÉCADAS UMA perspectiva fundamental para a Igreja pós-conciliar, sobretudo latino-americana, que se tornou conhecida como "a opção fundamental pelos pobres". Sua ação junto aos pobres e ao operariado estadunidense e sua ação social construíram um novo paradigma que só a partir dos anos 1960 passaria a ganhar maior cidadania eclesial. Sua ação fez-se acompanhar de intensa reflexão, em que ela também antecipou aspectos de uma teologia da relação entre a Igreja, os pobres e o mistério da salvação que só posteriormente seria plenamente desenvolvida.

Em um artigo publicado em 1952,[1] ela afirma que "abençoados, felizes são os pobres", e, referindo-se a Mateus 25, conclui que a salvação dos ricos coloca-se em estreita dependência da relação que eles possam estabelecer com os pobres. Em nosso artigo, buscaremos apontar como a reflexão que se dá durante e após o Concílio como resposta ao chamado de João XXIII em sua importante radiomensagem feita em 11 de setembro de 1962, um mês antes do início do Concílio Vaticano II, que surpreendeu o Mundo e a Igreja, afirmando: "Com relação aos países subdesenvolvidos, a Igreja se apresenta como é e quer ser: a Igreja de todos, e, particularmente, a Igreja dos Pobres", fazendo irromper na Igreja Universal, por meio de suas palavras, naquele momento, o tema Igreja dos Pobres, dá razão a Dorothy Day e a seu agir profético que foi capaz tornar presente já nas décadas de 1940 e 1950 a realidade da Igreja dos Pobres.

2. O Terceiro Mundo e a evangelização dos pobres

O processo acelerado de descolonização pelo qual passam no pós-guerra a Ásia, o Magreb e a África subsaariana cria novos países que, se são em sua maioria marcados pelo subdesenvolvimento, são também lugar de novos projetos autóctones. A Conferência de Bandung, em abril de 1955, que reúne 29 países da Ásia, Oriente Médio e África, marca o início de uma coalizão dos países do Terceiro Mundo e a afirmação mundial de novas lideranças terceiro-mundistas, como Nasser do Egito, Sukarno da Indonésia e Chu En-Lai da China. A estes se somam, entre outras, as lideranças de Kwame Nkrumah (Gana), Ahmed Sékou Touré (Guiné), Patrice Lumumba (ex-Congo Belga) e Hailé Selassié (Etiópia). Na reunião de Belgrado de 1961, o número de países participantes cresce, incorporando agora a América Latina. Afirmam-se como princípios nessa assembleia: oposição sistemática ao imperialismo e ao colonialismo, participação em conjunto em assuntos econômicos e de política internacional, a construção de um mundo baseado na justiça e na paz e o não alinhamento aos dois blocos da guerra fria.

Nesse período, afirmam-se tanto o pan-africanismo quanto o pan-arabismo, e a experiência do socialismo árabe. Entre os anos 1950 e 1960, o socialismo árabe, em suas distintas versões, foi experimentado pelo Egito, Síria, Argélia, Iraque, Líbia e Iêmen do Sul. Na América Latina, a revolução cubana abre um novo caminho de afirmação de lutas anti-imperialistas e do surgimento de movimentos que têm como inspiração as teorias da dependência, segundo as quais um processo de desenvolvimento na região só pode ser alcançado se alicerçado sobre o rompimento de laços de dependência diante dos países do Primeiro Mundo que perpetuam a antiga situação colonial.[2]

Diante dessa nova realidade do surgimento do Terceiro Mundo nos anos do pós-guerra, a questão da evangelização dos pobres e da presença da Igreja nessas regiões se apresenta de forma aguda. Desde o final do século XIX, a Igreja já tinha consciência do afastamento que havia se introduzido entre ela, o mundo dos trabalhadores operários e o dos pobres na Europa.[3] A questão agora se agravava com o avanço da secularização e com o fortalecimento dos partidos comunistas na Itália e na França e das estruturas sindicais a eles ligadas. Como já havia feito Dorothy Day em relação aos pobres e ao mundo do trabalho nos Estados Unidos, a Igreja volta-se nesse momento para o Terceiro Mundo:[4] perderia ela também os povos pobres que emergiam como novos sujeitos no mundo em acelerada transformação?

3. O movimento Igreja dos Pobres, o cardeal Lercaro e o Concílio Vaticano II

Nesse contexto, como resposta à radiomensagem de João XXIII, constitui-se no Colégio Belga, já em outubro de 1962, um grupo informal que será posteriormente intitulado Igreja dos Pobres. O arcebispo Melquita Georges Hakim, de Akka-Nazaré (Galileia), havia estimulado P. Gauthier (padre francês que tinha sido professor e diretor do seminário de Dijon e que desde a segunda metade dos anos 1950 morava em Nazaré, onde trabalhava como padre operário e fundara a família religiosa "Os companheiros e as companheiras de Jesus carpinteiro") a escrever um primeiro texto[5] sobre a questão, que foi difundido entre os Padres Conciliares antes da abertura do Concílio. Identificados com o conteúdo desse manifesto, atendendo a um convite de D. Himmer, bispo de Tournai (Bélgica), e de D. Hakim, um grupo de 12 bispos se reúnem em 26 de outubro de 1962 sob a presidência do cardeal Gerlier de Lion (França). Entre estes se encontravam dois latino-americanos de expressiva liderança: Helder Câmara (Brasil) e Manuel Larrain (Chile). Na segunda reunião, presidida pelo patriarca Melquita de Jerusalém, D. Máximo IV, comparecem 50 bispos, entre os quais se encontram mais bispos latino-americanos e da África mediterrânea. Para integrar o grupo, foi convidado o cardeal Lercaro de Bolonha, que se faz representar por seu assessor teológico, padre Dossetti.[6]

Reunindo bispos de diferentes regiões, inclusive da Europa, o grupo Igreja dos Pobres alcançou grande resultado, não tanto influindo diretamente nos textos conciliares, mas por apresentar a questão da relação entre Cristo, a Igreja e os pobres em uma nova perspectiva que terá influência decisiva nos anos pós-conciliares na América Latina e que, hoje, no Pontificado de papa Francisco ganha relevo universal.

A ação de cardeal Lercaro, de certo modo independente do grupo, foi de fundamental importância. No dia 6 de dezembro de 1962, durante a 35ª Congregação Geral, faz uma extensa intervenção, que tem por título "Igreja e Pobreza", que causa forte impacto.[7] Retoma depois o tema, aprofundando-o, em uma conferência pronunciada em Beirute em 12 de abril de 1964.[8] A posição de Lercaro tem como ponto de partida a afirmação de que a questão dos pobres constitui um mistério que se funda no próprio mistério da encarnação. O processo kenótico inclui o fato de que o Verbo não assumiu uma natureza humana abstrata, mas se fez carne (*sarx*). Concreta e singularmente, assume a condição histórica de pobre, e isso não é indiferente para a Economia da Salvação.[9] O teólogo J.-Y. Congar pronunciou uma conferência para o grupo Igreja dos Pobres na qual também afirma posição muito semelhante.[10] Para Congar, "a encarnação não é um puro fato metafisico da assunção de uma natureza humana na substância incriada da Pessoa do Verbo: é existencialmente um fato produzido em determinada circunstância concreta, anunciado, profetizado, preparado por um longo tempo e enfim realizado".[11] Se, de um lado, se deve afirmar que a encarnação é um ato livre de Deus, de outro, a forma como se dá, ainda que sendo um ato totalmente livre, "na linha existencial do propósito de Deus e da Economia da Salvação, se impõe a nós como uma lei para a atividade Cristã na qual, de outra parte, a razão que busca uma compreensão daquilo em que crê (*fides quarens intellectum*), descobre uma harmonia maravilhosa e profunda".[12] O Verbo, ao assumir livremente a carne do pobre levando às últimas consequências o processo kenótico, revela a Misericórdia de Deus e sua preferência pelos deserdados deste mundo.[13]

Lercaro aprofundará essa perspectiva. As Bem-aventuranças, as Profecias Messiânicas de Isaías, assim como o Discurso da Sinagoga de Nazaré, demonstram como os pobres têm, para Deus, um lugar especial na Economia Salvífica.[14] Em sua interpretação das Bem-aventuranças, apoiado em A. Romeo e J. Dupont, Lercaro afirma que aquelas do Capítulo 5 de Mateus referem-se, em suas diversas versões, aos "pobres de Yahveh", sendo condição necessária, embora não suficiente, ser materialmente pobre para ser considerado "pobre em espírito".[15] As Bem-aventuranças não permitem uma espiritualização dos destinatários privilegiados da Boa-nova. Esse fato também fica claro na versão lucânica das Bem-aventuranças (Lc. 6, 20-26), no Discurso Inaugural na Sinagoga de Nazaré (Lc. 4, 18-22) e em Lucas 7, 18-23, na resposta que Jesus dá aos enviados de João Batista. O Messias é reconhecido pelos sinais que faz: "os cegos recuperam a vista, os coxos andam, os leprosos são purificados, os surdos ouvem, os mortos ressuscitam e aos pobres é anunciada a Boa-nova". O Messias é o Servo Sofredor, e a identificação de Cristo com os pobres, para Lercaro, não é uma identificação externa, nem simplesmente moral, mas ontológica, e tem um significado central na Economia da Salvação. A predileção de Deus pelos pobres, revelada em e por

Jesus, Sacramento Primordial do Pai, nos permite reconhecer que Deus é Amor, Misericórdia, não em sentido abstrato, mas concreto. Deus ama preferencialmente os pobres, e o faz não por suas qualidades, não por terem mérito, mas por suas necessidades e carências, por seu sofrimento. Sendo Jesus "o Caminho, a Verdade e a Vida" (Jo 14, 6), Lercaro conclui: "definitivamente é sempre a conformidade a Cristo Pobre, Crucificado, Perseguido que salva".[16]

Para Lercaro, sendo a Igreja Sacramento Fundamental de Cristo, essa realidade cristológica e soteriológica tem clara implicação eclesiológica:

> [...] e ainda nos devemos indagar sobre a extensão eclesiológica destas duas características de Jesus, Messias dos Pobres e Messias: a Igreja enquanto depositária da Missão Messiânica de Jesus, a Igreja prolongamento do Mistério da Kenosis do Verbo, não pode não ser, antes de tudo e privilegiadamente, no sentido agora claro, a Igreja dos Pobres, enviada para a Salvação dos Pobres; e de outra parte não pode não ser também Igreja que, como Cristo, não pode salvar senão aquilo que assume, isto é, não pode salvar antes de tudo os pobres, se não assume a pobreza.[17]

Por essa razão, a questão da Igreja dos Pobres não pode, para Lercaro, assim como para os participantes do grupo Igreja dos Pobres, ser apenas mais um tema para o Concílio, mas deveria ser o tema geral e sintético de todo o Concílio.[18] A questão da Igreja dos Pobres não é conjuntural, decorrente de uma necessidade pastoral contemporânea, mas sim estrutural, que pertence ao próprio fundamento da Igreja, pode-se dizer "de direito divino".

O Concílio Vaticano II refere-se aos pobres e à pobreza por pelo menos 63 vezes,[19] e assume a perspectiva da pobreza na Igreja explicitamente em um significativo parágrafo da *Lumen Gentium* (LG8,3) na qual se afirma a relação intrínseca que existe entre a Igreja e a pobreza, e que esta se enraíza na própria cristologia:

> Mas, assim como Cristo realizou a obra da redenção na pobreza e na perseguição, assim a Igreja é chamada a seguir pelo mesmo caminho para comunicar aos homens os frutos da salvação. Cristo Jesus "que era de condição divina... despojou-se de si próprio tomando a condição de escravo" (Fil. 2, 6-7) e por nós, "sendo rico, fez-se pobre" (2 Cor. 8,9): assim também a Igreja, embora necessite dos meios humanos para o prosseguimento da sua missão, não foi constituída para alcançar a gló-

ria terrestre, mas para divulgar a humildade e abnegação, também com o seu exemplo. Cristo foi enviado pelo Pai "a evangelizar os pobres... a sarar os contritos de coração" (Lc. 4,18), "a procurar e salvar o que perecera" (Lc. 19,10).

4. As palavras sobre o Grande Julgamento em Mateus 25,31-46: um texto fundamental

As palavras de Jesus sobre o Grande Julgamento em Mt 25,31-46 se constituem em um texto fundamental sobre a identificação entre Cristo e os pobres. Nos fins dos tempos, ocorrerá um Grande Julgamento. Na ocasião, os homens serão separados pelo "Filho do Homem" uns dos outros, como o pastor separa as ovelhas dos cabritos (vv. 31-33). À direita, ficarão os benditos, que receberão por herança o Reino. O que eles fizeram? É o próprio "Filho do Homem" quem responde: "Pois tive fome e me destes de beber. Era forasteiro e me recolhestes. Estive nu e me vestistes, doente e me visitastes, preso e viestes ver-me" (vv. 35-36). E os "benditos do Pai" se surpreendem, pois não se recordam de terem feito tais ações em atenção ao "Filho do Homem". Este responde: "Em verdade vos digo: cada vez que o fizestes a um desses meus irmãos mais pequeninos a mim o fizestes" (v. 40). Os que foram colocados à esquerda são, por outro lado, chamados de malditos e são apartados para "o fogo eterno preparado para o diabo e seus anjos" (v. 41). A razão dada pelo "Filho do Homem" é contundente: "Porque tive fome e não me destes de comer. Tive sede e não me destes de beber. Fui forasteiro e não me recolhestes. Estive nu e não me vestistes, doente e preso e não me visitastes" (vv. 42-43). Estes se espantam, se indignam e perguntam: "mas, Senhor, quando é que te vimos com fome ou sede, forasteiro ou nu, doente ou preso e não te servimos?" (v. 44). E o Filho do Homem responde "Em verdade vos digo: cada vez que o deixastes de fazer a um desses pequeninos, foi a mim que o deixastes de fazer" (v. 45).

Lercaro, seguindo o que já havia sido afirmado pelos operários de Nazaré em carta aberta aos Padres Conciliares,[20] afirma a esse propósito:

> [...] devemos ter presente e nos esforçar para colocar clara a conexão ontológica estreitíssima que existe entre a presença de Cristo nos pobres e as outras duas realidades mais profundas de todo o Mistério de Cristo na Igreja: a presença de Cristo na Eucaristia que funda e constitui a Igreja, e a presença de Cristo na Sagrada Hierarquia que ensina e or-

dena a Igreja. No fundo quero dizer que se tratam [sic] de três aspectos do único Mistério e que não se pode dizer que coisa é a Igreja se não se consideram conjuntamente e contemporaneamente estes três aspectos e se não se imposta [sic] assim, globalmente, todas as questões.[21]

Para Lercaro, os pobres são Outro Cristo. Na narrativa do Grande Julgamento, o Filho do Homem não afirma "cada vez que o fizestes a um desses meus irmãos mais pequeninos, *foi como se* a mim o fizestes", mas sim "cada vez que o fizestes a um desses meus irmãos mais pequeninos, *a mim o fizestes*".[22] Nesses pequeninos, Cristo está presente para nós, e a relação que estabelecemos com eles tem valor salvífico fundamental. O que levou alguns a serem considerados justos e outros a serem condenados ao "castigo eterno" não foi o cumprimento ou descumprimento de ritos ou preceitos litúrgicos, mas a solidariedade concreta em relação aos pobres: o faminto, o sedento, o nu, o forasteiro, o doente, o prisioneiro. São necessidades concretas, que exigem a solidariedade humana. Observe-se que aqui, como nas Bem-aventuranças, não cabe nenhuma espiritualização dessas necessidades: não se trata daqueles que estão prisioneiros da ignorância, sedentos da verdade. Trata-se do que efetivamente está preso. E nem sequer se trata do que está preso injustamente. Do mesmo modo, o que importa não é a responsabilidade de cada um em relação à sua situação de penúria. Não importa por que o faminto está faminto, se porque foi indolente ou se porque foi vítima de uma situação adversa, mas sua realidade de fome. É a situação de necessidade em que se encontram ("irmãos mais pequeninos") que leva à identificação do "Filho do Homem" com eles.

5. A parábola do Bom Samaritano (Lc. 10, 25-37): o pobre como outro capaz de despertar em nós a compaixão

Nesse contexto, podemos relacionar as palavras de Jesus em Mateus 25 com a parábola do Bom Samaritano. Um legista, para embaraçar Jesus, pergunta-Lhe o que deve fazer para herdar a vida eterna (Lc. 10, 25). Jesus responde com uma pergunta: "Que está escrito na Lei? Como lês?" (v. 26). A resposta do legista é clara: "Amarás teu Deus de todo coração, de toda a alma, com toda tua força e de todo o entendimento; e a teu próximo como a ti mesmo" (v.27, uma resposta que combina Lv 19,18 e Lv 18,5). Aqui, amor a Deus e ao próximo são reunidos em um único mandamento, que é o resumo de toda a Lei. Essa resposta do legista de algum modo deve ser referida à interpretação rabínica da escola de Hillel. Recorde-se o conhecido episódio no qual um prosélito pede ao rabino Shammai que resuma todo o conteúdo da Lei enquanto estivesse apoiado em uma só perna. Shammai se irrita e, dizendo ser isso impossível, manda o prosélito embora. A mesma demanda é feita a Hillel. Este aceita o desafio e responde com tranquilidade: "O que odeias para ti, não farás a teu próximo. Esta é toda a Lei, o resto é comentário" (Talmud, Sabbat 31a).[23]

Jesus acolhe a resposta do legista: "Respondeste corretamente; faz isto e viverás" (v. 28). Mas o legista não está satisfeito. Ele quer saber quem é seu próximo. Jesus responde a essa nova pergunta com a parábola do Bom Samaritano (Lc 10,29-37). Na parábola, um homem descia de Jerusalém a Jericó e é assaltado, deixado quase morto no caminho. Passam por ele um sacerdote e um levita. Não fazem nada. Por fim, passa um samaritano. Vendo-o, "moveu-se de compaixão". Ele o socorre e o conduz a uma hospedaria, paga por sua hospedagem e ainda se compromete a pagar mais se houver mais gastos, quando retornar. Ao final da parábola, Jesus pergunta: "qual dos três, em tua opinião, foi o próximo do homem que caiu nas mãos dos assaltantes?" (v. 36). A ótica é mais uma vez invertida. O legista queria saber "quem é meu próximo?" (v. 29). Ou seja, a partir de sua perspectiva, "quem está próximo a mim?" Jesus propõe responder a partir da perspectiva do necessitado: quem dele se fez próximo? Invertendo a questão do legista, acaba por colocar como critério de próximo não o que está mais perto de mim, mas aquele que se faz vizinho ao mais necessitado. Concretizar o amor ao próximo é, para Jesus, ir ao encontro (no sentido de Heurisko, como em Lc 15) do necessitado, é exercer a misericórdia para com o Outro (v. 37). O necessitado é um Outro que me interpela, por razão mesma de sua necessidade, de sua situação de carência fundamental. Sua existência me interpela, exige que dele me aproxime e com ele me solidarize, fazendo um gesto concreto que o socorra. A concretização do amor ao próximo como amor ao necessitado é, para Jesus, a atualização da misericórdia de Deus. E curiosamente nessa parábola aquele que atualizou a misericórdia de Deus não foi nem o sacerdote nem o levita, representantes da ortodoxia religiosa da época, mas um samaritano, justamente de quem um judeu normalmente só esperava o ódio, aquele que era considerado um praticante de uma fé sincrética, portanto um não observante puro da Lei. A motivação do samaritano ao aproximar-se do homem moribundo foi a "compaixão". Ele não se fez próximo do necessitado para cumprir um preceito, mas porque "moveu-se de compaixão (*esplagkniste*)". Recorde-se que em Lc 15, 20 o que move o Pai a ir ao encontro do filho que retorna para casa depois de haver dissipado seus bens é o mesmo: "encheu-se de compaixão (*esplagkniste*), correu e lançou-se ao seu pescoço, cobrindo-o de beijos". Também Jesus, ao encontrar a viúva de Naim, que levava seu único filho para ser enterrado, enche-se de compaixão (*esplagkniste*, v. 14) e o ressuscita (Lc. 7,11-17). O verbo grego *splagknizomai*, normalmente traduzido por "sentir compaixão", remete a algo de muito profundo, visceral, que remete em sua raiz à identificação da mãe com a criança, a duas vidas que se tornam uma. Esse sentimento profundo que moveu o samaritano não pode ser produzido por nenhuma Lei, não nasce do dever de cumprir um mandamento. É um sentimento originário. O Outro, com suas necessidades concretas, me interpela e faz surgir em mim a compaixão. A conclusão da parábola é uma interpelação ao legista: "Vai, e tu também faze o mesmo!" (v. 37), faça-se próximo do necessitado, solidário com seu sofrimento, deixe-se tomar de compaixão. O próximo não é nosso vizinho, alguém com o qual nós nos identificamos por semelhança e afinidade. Ele é o outro, o necessitado que devemos buscar. O dessemelhante. O dever de socorrê-los não surge da Lei, não é o cumprimento de uma ordem arbitrária, embora ninguém possa dizer que cumpre a Lei se não se solidariza com os pobres, marginalizados, doentes, prisioneiros, famintos, sedentos, nus. É uma exigência humana que, independentemente da consciência que se tenha do fato, é em si mesma seguimento do amor misericordioso de Deus, conforme ensinam as parábolas do Capítulo 15 de Lucas. Deus ama livremente os necessitados de modo preferencial, não por terem um mérito qualquer, mas por sua situação de carência. Esse amor faz com que Deus os busque e por fim que em Cristo se identifique com eles mesmos. A falta de solidariedade concreta com os pobres e a recusa de se deixar "mover pela compaixão" são em si mesmas a negação do amor de Deus que leva à condenação eterna. A consciência desse fato não é o fator que gera em nós a compaixão. A consciência do fato sobredetermina nosso agir, enquanto a compaixão se inscreve em nossa humanidade mesma. Trata-se de deixar-se interpelar pelo pobre, que com sua carência e necessidade se apresenta como Outro, que é capaz de nos descentrar, criando em nós compaixão. Os pobres são, como já dito, Outro Cristo, e são sacramento e mediadores de Graça de Deus, enquanto, ao nos interpelarem com sua carência, despertam em nós compaixão. Descentram-nos e despertam em nós o Amor, chamam-nos a tornarmo-nos próximos deles. Como Dorothy Day já antevira, podemos afirmar que, no Final dos Tempos, seremos julgados por um único juiz: o Cristo pobre, perseguido e crucificado. O Mistério do Pobre, o Mistério do Cristo e o Mistério da Salvação encontram-se profundamente entrelaçados.

Notas

1 Dorothy Day. Poverty is the face of Christ. *The Catholic Worker*, p. 3-6, dez. 1952.

2 Ver R. Gil Benumeya. Tradición y actualidad en la evolución internacional del socialismo árabe. *Revista de Política Internacional*, n. 89, p. 37-54, 1967. Também E. Almeida. O pan-africanismo e a formação da OUA. *Revista Geo-paisagem*, ano 6, n. 12, jul./dez. 2007, 23 p. Disponível em: <http://www.feth.ggf.br/África.htm>. Acesso em: 19 ago. 2014. Para a América Latina: E. Faletto. Los años 60 y el tema de la dependência. *Estudos Avançados*, São Paulo, v. 12, n. 33, maio/ago. 1998, 5 p.

3 Cf. A. Riccardi. Chiesa e povertà in età contemporanea. In: Annibale di Francia. *La Chiesa e la povertà*. Roma: Studium, 1992. p. 151-170.

4 Ver a obra de 1974 de W. Buhlmann. *O Terceiro Mundo e a terceira Igreja*. São Paulo: Paulinas, 1976.

5 O texto foi posteriormente publicado: P. Gauthier. *Les pauvres, Jésus et l'Église*. Paris: Éditions Universitaires/Chrétienté Nouvelle, 1963.

6 Ver C. Lorefice, Dossetti e Lercaro. *La Chiesa povera e dei poveri nella prospecttiva del Concilio Vaticano II*. Milão: Paoline, 2011. p. 131-133.

7 Ver C. Lorefice. *Dossetti e Lercaro*: la Chiesa povera e dei poveri nella prospecttiva del Concilio Vaticano II. Milão: Paoline, 2011.

8 Os textos encontram-se em G. Lercaro. *Per la forza dello Spirito. Discursi Conciliari*. Nuova edizzione a cura di Saretta Marotta. Bolonha: EDB, 2014.

9 Ibidem, p. 129.

10 O texto intitulado *Per una riflessione sul mistero dei poveri* encontra-se em P. Gauthier. *La Chiesa dei poveri e il Concilio*. Florença: Mezzo Secolo Vallecchi, 1965. p. 251-265. Título original: *Jalons d'une réflexion sur le Mystère des Pauvres*: son fondement dans le Mystère de Dieu et du Christ.

11 Ibidem, p. 263.

12 Ibidem, p. 261.

13 Ibidem, p. 261-263.

14 G. Lercaro. Op. cit., p. 147.

15 Ibidem, p. 138-143. Ver A. Romeo. *Beatitudine in Enciclopedia Cattolica*. Città del Vaticano, 1949. v. II, cl. 1101-1107; e J. Dupont. *Les Beatitudes*. Louvain: Nauwelaerts, 1954.

16 G. Lercaro. Op. cit., p. 146.

17 Ibidem, p. 149.

18 Ibidem, p. 111.

19 C. Lorefice. Op. cit., p. 260.

20 Ver P. Gauthier. *Les pauvres, Jésus et l'Église*. Op. cit., p. 57-60.

21 G. Lercaro. Op. cit., p. 117.

22 Idem, ibidem.

23 Cf. o verbete "Hillel" em J. Bowker (Ed.). *The Oxford dictionary of world religions*. Nova York: Oxford University Press, 1997. p. 429.

Fé e justiça na perspectiva bíblica

Leonardo Agostini Fernandes

1. Introdução

A INTERAÇÃO ENTRE FÉ E JUSTIÇA NA SAGRADA ESCRITURA É UMA DAS MAIS notáveis, importantes e que perpassa, praticamente, cada uma de suas páginas. Por meio destas, constata-se que crer no Senhor, Deus de Israel, para o Antigo Testamento (AT), e crer em Jesus Cristo, o Kyrios glorioso, para o Novo Testamento (NT), significa a mesma realidade: viver a fé na prática do bem, da verdade e da justiça.

A fé no Deus revelado na história do povo eleito, dos patriarcas aos apóstolos, oferece um conhecimento sobre o ser humano e sobre Deus que ultrapassa os limites da razão e, por isso, exige um comportamento à altura da natureza dessa mesma revelação. Se o agir segue o ser, então, pode-se dizer, igualmente, que o comportamento é determinado pelo conhecimento.

Do ponto de vista natural, a fé professada revela o modo de ser de uma pessoa, no que diz respeito à sua firme adesão ao que considera verdade e em quem considera verdadeiro. Esse ato de crer, em algo ou em alguém, é, em si mesmo, um ato de justiça (dimensão horizontal). Já do ponto de vista religioso, o ato de crer, em linguagem humana, significa uma relação interpessoal que o ser humano estabelece com a divindade para a qual destina seu culto, isto é, seu ato de justiça (dimensão vertical).

O conceito de justiça, por sua vez, tem muitos significados e uma diversidade de campos de aplicação. Elucidarei somente o campo da razão e o campo religioso.

Quanto ao campo da razão, a justiça é uma exigência que abarca todos os níveis sociais, mas, do ponto de vista econômico, clama para que o sucesso individual não seja cego quanto ao bem comum, isto é, que ninguém enriqueça às custas do empobrecimento dos demais. Não há justiça quando o poder do mais forte prevalece sobre o mais fraco. Acontece a justiça quando o mais forte busca fortalecer o mais fraco, gerando nele credibilidade e esperança.

Quanto ao campo religioso, a justiça é uma constatação que brota da compreensão da presença, da ação e do projeto de Deus revelado para o ser humano. A justiça de Deus deverá ser a justiça do ser humano. Uma justiça, porém, que não se distingue da misericórdia, do perdão, da libertação e do amor gratuito, a exemplo do que Deus operou pelo antigo Israel e que encontrou sua plena manifestação em Jesus Cristo a favor de toda a humanidade, não é justiça, porque exclui ao injusto o direito de se converter.

A Sagrada Escritura é extremamente rica em testemunhos de fé e de justiça, exigidas ou praticadas, mas nem sempre vistas como conjugadas, o que dificulta fazer uma opção. Nos dois primeiros tópicos, trato sobre a fé e a justiça na perspectiva bíblica. No terceiro tópico, a título de exemplo, apresento e analiso dois textos bíblicos: Jr 22,1-5 para o AT e Lc 18,1-8 para o NT. Não serei exaustivo na exegese e no comentário, mas tenho a intenção de mostrar como a Palavra de Deus, inspiradora de atitudes de fé, leva à prática da justiça e que, por isso, serve para iluminar e compreender a vida transformada e a obra encarnada e transformadora de Dorothy Day, como aparecem citadas, brevemente, na conclusão.

2. A fé na perspectiva bíblica

O AT não tem uma definição de fé[1] como a que se encontra no NT: "A fé é uma forma de possuir o que se espera; a convicção das coisas que não são vistas" (cf. Hb 11,1).[2] Nessa definição, afirma-se que a fé está intimamente ligada à posse de algo que ainda não se tem e que é objeto da esperança. A fé, definida em relação à esperança, tem força de persuasão.

O termo hebraico *'emûnâ*, significando "crer", indica uma realidade considerada "firme" e "estável", sobre a qual o ser humano pode colocar sua confiança.[3] Is 7,9 apresenta uma situação de instabilidade para o reino de Judá, diante da qual a fé significa garantia de existência, isto é, manter-se firme na eleição de Deus diante da guerra iminente (cf. Dt 7,6). Só Deus pode salvar, o rei não deve colocar sua confiança em nenhum outro poder humano. Só pela fé em Deus o povo pode permanecer firme e sobreviver (cf. Is 28,15; 30,15; 35,10). A referência da fé como confiança em Deus é muito frequente nos Salmos (cf. Sl 56,4; 84,12).

A dinâmica da fé no AT, porém, é identificada a partir da relação que se estabelece entre Deus, que se revela, e o ser humano, que acolhe essa revelação. É uma dinâmica histórica e, por isso, progressiva, porque Deus não impõe a fé a ninguém, mas respeita as capacidades e as limitações do ser humano chamado a experimentar a fé como adesão voluntária a Deus e às verdades que foram por Ele reveladas.[4]

Na perspectiva do AT, a fé significa a prática da obediência e da total confiança em Deus (cf. Gn 6,13-22; 12,1-4; Ex 3,1–4,18; Hb 11,23-31). Abraão tornou-se o exemplo, por excelência, da fé como prática da obediência para todos os que creem em Deus, porque ele acreditou em Deus e isso lhe foi imputado como justiça (cf. Gn 15,6).[5] Hb 11 é um exemplo sobre a fé dos antepassados segundo a historiografia do AT (cf. Eclo 44-50). Nesse sentido, o ato de crer fica revestido da força da tradição pelo testemunho que é passado de geração em geração (cf. Dt 26,1-11). Pela fé, cada um passa a ter acesso à intimidade de Deus no qual deposita seu livre assentimento da razão. O ato de amor é o que condensa e sintetiza o ato da fé e o ato da razão, pois é um ato de entrega incondicional.

A afirmação de que "Deus é fiel" ou "Deus é fidelidade" (cf. Dt 7,9) indica que "Deus é justo" e, por isso, Suas obras são justiça (cf. Sl 11,7). A fidelidade de Deus às promessas feitas aos patriarcas e o modo como resgatou o antigo Israel da opressão do Egito, seguido dos inúmeros feitos no deserto, tornaram-se a base para a elaboração de sua constituição como povo eleito, que é uma profissão de fé em seu Deus libertador e salvador.

Da fé em Deus deriva a fé nos "homens de Deus". Estes se tornaram mediadores pela particular experiência de fé que fizeram e, portanto, dignos de crédito junto aos demais, quer pela autoridade da palavra que anunciaram, quer pelos sinais que realizaram. É o caso de Moisés, de Josué, de Samuel, de Elias, de Eliseu e dos demais profetas que falaram e agiram em nome de Deus e porque suas palavras se cumpriram na história. O discernimento era fundamental, pois os sinais oferecidos podiam ser ambíguos (cf. Ex 7,11; Dt 13,2-4; 18,15-22).

A fé do povo era assumida, como própria, de seus mediadores. Isso passava a determinar a inteira comunidade, que selava um compromisso de fidelidade e de obediência ao Deus do mediador. Nesse sentido, a fé tornou-se mais do que a base de uma religião, ela passou a ser vista como comportamento ético: "É justiça para nós, que observemos e pratiquemos todos estes mandamentos diante do Senhor, nosso Deus, conforme nos ordenou" (Dt 6,25).

No NT, Jesus exigiu a fé em Sua pessoa (cf. Mc 9,23-24). A fé era o pressuposto para que Jesus realizasse os milagres (cf. Mc 6,5-6), as curas (cf. Mt 9,23-24; Mc 5,34) e perdoasse os pecados (cf. Mc 2,1-12; Lc 7,48-50). Por palavras e sinais, anunciou e mostrou a chegada do reino de Deus como justiça, pois conformou Sua vida a não abolir a Lei (cf. Mt 5,17), mas a chamar os pecadores, e não os justos (cf. Mt 9,13; Mc 2,17; Lc 5,32), sem que isso, porém, deixasse de gerar separação familiar (cf. Mt 10,35; Lc 12,49).

O ministério público de Jesus foi todo ele pautado na prática da justiça, que significava fazer a vontade do Pai (cf. Mt 7,21; 12,50; 21,31; Jo 6,38.40). Foi sobre a vida de Jesus e o testemunho dos apóstolos que as primeiras comunidades vieram à fé (cf. At 2,44; 16,30-34).[6] Com Paulo, a fé tornou-se uma exigência, e significa manter-se solidamente ancorado nas promessas (cf. Rm 3,3).[7] De tal modo que a infidelidade dos incrédulos não invalida a fidelidade de Deus, que julga o mundo com justiça.

Dos ensinamentos contidos no NT, em particular a afirmação de fé em Jesus Cristo, morto e ressuscitado, que resulta do percurso que os apóstolos fizeram e do qual se tornaram os arautos, depreende-se que a fé é um dom-virtude de Deus para o ser humano se entregar e responder, livremente, pela conversão de vida a essa certeza (cf. Ef 1,17; 2,8; Cl 1,23).

Deus, Suas promessas e as verdades, manifestadas ao longo da história do antigo Israel e que alcançaram sua plenitude em Jesus Cristo, tornaram o conteúdo e o objeto da fé (cf. Mc 11,22; Jo 11,25-44; 14,1-2; Rm 3,22-26; Gl 2,16; Ef 4,5; 1Tm 1,8; Hb 6,1; 11,6). Com os auxílios da graça de Deus, o fiel consegue viver uma vida de fé (cf. Rm 1,17; Gl 3,11), que opera a justificação do pecador (cf. Rm 4,13; 3,21-31; Gl 3,15-18). A fé é necessária para esta vida, enquanto não se tem a visão direta de Deus (cf. 1Cor 13,10-12; Hb 11,6).

Enfim, a fé é o termo que indica a relação integral entre Deus e o ser humano, em força de sua ação salvífica manifestada, plenamente, em Jesus Cristo. Ela nasce da escuta e da adesão ao Evangelho (cf. Rm 10,14-21), cresce (cf. 2Cor 10,15-16) e deve ser preservada das falsas doutrinas (cf. 1Tm 4,1; 6,20-21). Guardar a fé é condição *sine qua non* para receber a "coroa da glória" (cf. 2Tm 4,7).

3. A justiça na perspectiva bíblica

A justiça, antes de tudo, é um atributo divino (cf. Sl 145,17). Ao lado da fé, concedida ao ser humano, tem grande valência bíblica, porque a justiça não significa somente "dar, a cada um o que lhe é devido", no sentido de mera retribuição pelas obras realizadas (cf. Sl 103,10), mas tem a ver, principalmente, com a fidelidade de Deus à palavra que profere e porque não se deixa corromper (cf. Dt 10,17; 2Cr 19,7; Jó 34,19), quando faz justiça à viúva, ao órfão e ao estrangeiro, dando-lhe alimento e vestuário (cf. Dt 10,18). Por isso, foi possível afirmar que a expressão "Deus é fiel" ou "Deus é fidelidade" corresponde a "Deus é justiça".

No que diz respeito ao AT, justiça denota a realização da vontade de Deus e está em estreita relação com aquilo que O define por natureza: a santidade (cf. Lv 19,2).[8] A justiça de Deus é manifestada em sua fidelidade à aliança selada com os libertos no Sinai, com base nas promessas patriarcais, pela qual se ligou ao antigo Israel por puro amor (cf. Dt 7,7-12). Por isso, a justiça de Deus, aos poucos, foi perdendo sua conotação jurídica e passou a ser assumida, cada vez mais, como sinônimo de clemência, de misericórdia, de perdão e de salvação (cf. Gn 18,25; Dt 32,4).

Quanto ao NT, quem experimentou a justiça salvadora de Deus e se entregou totalmente a ela com confiança incondicional passou a ser chamado de justo (cf. Mt 1,19; Mc 6,20; Lc 2,25; 23,50; Jo 17,25; Rm 3,5). A justiça de Deus é Jesus Cristo em seu modo de ser e de agir. Por isso, ele disse: "eu e o Pai somos um" (Jo 10,30); "Quem me vê, vê o Pai" (Jo 14,9). O apóstolo Paulo entendeu e ensinou que a justiça é fruto da "justificação", isto é, como resultado da ação redentora que Deus operou a favor do ser humano em Jesus Cristo.

A justiça, porém, pode e deve ser entendida como uma fundamental virtude humana e, por isso, apropriada à sua natureza. A justiça indica, como virtude, a conduta humana pela qual se reconhece ao semelhante seus direitos. Nesse sentido, a justiça requer que cada ser humano seja não somente titular de direitos (natural, adquirido ou concedido), mas também sujeito de deveres. Disso resulta que a justiça, como valor moral, demonstre-se difícil em sua concreta realização, pois, de fato, que significa em nossa sociedade "dar a cada um o que lhe é devido"?

Na prática, a verificação da justiça é circunstancial, histórica e social.[9] Pela justiça, deve-se reconhecer que cada ser humano tem direitos inalienáveis de bens materiais e espirituais (honra, boa fama etc.) que garantam sua existência com dignidade. A justiça representa, assim, um estímulo para que se lute contra todas as iniciativas que corrompem e distorcem essa dignidade. Por isso, o respeito pelo ser humano eleva a justiça à categoria de defensora dos oprimidos contra tudo que viola seus direitos inalienáveis. A prática da justiça torna-se a premissa essencial para a promoção da paz entre os seres humanos e suas sociedades.

Há, contudo, limites na administração da justiça, pois ela não se baseia somente no respeito e na defesa dos direitos em nível legal. O perdão, a solidariedade e o amor para com o injusto excedem a força da lei que tenta implantar a justiça na sociedade. Pelo profeta Ezequiel, Deus já afirmara que não tinha prazer com a morte do pecador, mas queria que ele se convertesse e vivesse (Ez 18,23.32; 33,11). E Deus, por seu Filho Unigênito, realizou Sua vontade salvífica para toda a humanidade.

Se, por um lado, a justiça não consegue se estabelecer, plenamente, em nosso mundo como um princípio normativo da convivência humana, por outro ela exige ser completada e sublimada por muitos outros aspectos e valores, a fim de que não seja manipulada e se torne desumana. É celebre a frase "a justiça é cega!", mas a justiça de Deus, tornando-se a lógica profunda da vida e da convivência humana, ilumina todas as situações e circunstâncias da existência, tirando o véu da justiça.

A mais profunda relação entre justiça e fé, como realização do projeto de Deus para o ser humano, possibilitando a convivência, encontra-se em Jesus Cristo, que declarou "Felizes os que têm fome e sede de justiça, porque serão saciados" (Mt 5,6). Assim, buscar o reino de Deus e Sua justiça (cf. Mt 6,33) é a expressão perfeita da fé e da religiosidade. A vida e a obra de Jesus se compreendem melhor a partir da execução da justiça como caridade de Deus pela humanidade.

Justiça, então, é uma inclinação pessoal para o bem comum da comunidade, na qual cada fiel encontra-se inserido. A atuação dessa inclinação pode ser dita "justiça legal", que deve ser promovida, em particular, por quem recebeu a tarefa de cuidar do bem comum, que, em primeiro lugar, são as pessoas e, em segundo, os bens materiais. Nem sempre a defesa dos bens matérias reflete a defesa das pessoas. O direito de propriedade, por exemplo, perde sua força quando está em jogo a vida do ser humano, que é a maior propriedade de Deus.

O reino de Deus inaugurado por Jesus não é um sonho ou uma utopia, mas é o querer de Deus para o ser humano como realização social, como local de fraternidade, de misericórdia, de atenção ao próximo, em particular do mais necessitado, de aversão à desigualdade, ao domínio-opressão econômico, político ou de qualquer gênero, em particular religioso.

Justiça, por tudo isso, reclama por pessoas que cultivem atitudes de igualdade, que não fazem acepção de pessoas e que buscam promover a justa distribuição dos bens entre todos, de modo que não haja desníveis sociais.[10] Por isso, a propriedade privada só é sinal de justiça quando serve para realizar melhor o bem comum. Dar a quem necessita é um dever de justiça, e não somente expressão da caridade.[11]

4. Análise de Jr 22,1-5

4.1. Texto

> ¹Assim falou o Senhor: "Desce à casa do rei de Judá e lá dirás esta palavra ²e falarás: 'Escuta a palavra do Senhor, ó rei de Judá, que estás sentado sobre o trono de Davi, tu e teus servos e teu povo, os que entram por estas portas.' ³Assim falou o Senhor: 'Praticai a justiça e o direito e libertai o defraudado das mãos do opressor; e estrangeiro, órfão e viúva não sejam oprimidos, não sofram violência, e sangue inocente não derramem neste lugar. ⁴Porque se certamente praticardes esta palavra, então entrarão pelas portas desta casa reis, sentados para Davi sobre o seu trono, condutores de carros e de cavalos, ele, seu servo e seu povo. ⁵Mas se não ouvirdes estas palavras, por mim eu juro, oráculo do Senhor, que desolada será esta casa.'"

4.2. Estrutura do texto

O texto tem uma organização simples e facilmente percebida pela ação progressiva de seus cinco versículos: é aberto pela fórmula do mensageiro, "Assim fala o Senhor" (v. 1), e fechado pela fórmula profética, "oráculo do Senhor" (v. 5). O Tetragrama Sagrado nas duas fórmulas evidencia a origem divina da mensagem comunicada pelo profeta (vv. 3-5). Tem-se, com isso, uma sequência lógica:

> v. 1: O Senhor se dirige ao profeta e lhe atribui uma missão;
> v. 2: O profeta deve se dirigir aos destinatários diretos do oráculo;
> v. 3: Conteúdo do oráculo;
> v. 4: Consequências positivas, se os destinatários praticarem a palavra do Senhor;

v. 5: Consequências negativas, se os destinatários não praticarem a palavra do Senhor.

4.3. Que diz o texto?

Jr 22,1-5 é uma fala do Senhor dirigida a Jeremias, que se encontra em uma posição marcante, pois é dito: "desce", indicando, com isso, que Jeremias poderia estar em um lugar mais alto que os destinatários do oráculo.[12] Contudo, a referência pode não ser simplesmente geográfica e, sim, metafórica, dando a entender que o ponto de observação do profeta retrata sua capacidade elevada de ver e de julgar a realidade admitida como injusta pelo Senhor.

O profeta deve se dirigir à "casa do rei de Judá". Essa locução significa que a palavra a ser comunicada devia atingir não somente o rei, que não é citado por nome — provavelmente se tratava de Joacaz/Selum (cf. Jr 22,11) ou de Joaquim (cf. Jr 21,11-13) —,[13] mas também seus servos, familiares e cortesãos ("teu povo"), isto é, os que frequentam e têm acesso ao palácio ("os que entram por tuas portas").

Jeremias deve comunicar uma exigência que vem do Senhor e diz respeito a uma séria norma de conduta, porque o rei de Judá era quem detinha o poder judicial.[14] O rei é exortado a "praticar o direito e a justiça", fundamento de todo governo (cf. Ex 23,6) e da estabilidade da dinastia davídica (cf. Sl 45,5-8; 72,2-4; 89,20-21; 101,5-8; 132,42), em relação a um grupo de pessoas consideradas vulneráveis na sociedade e que estavam sendo vilipendiadas em seus direitos, tornadas vítimas de um regime de opressão, que chegava, inclusive, ao grave derramamento de sangue inocente na cidade santa. Com isso fica evidente o litígio do Senhor com o rei de Judá no que diz respeito à administração do direito e da justiça, por parte do mais forte em prejuízo dos mais fracos.

Enfim, o texto afirma, em uma relação de causa e efeito, que haverá consequências positivas ou negativas quanto à obediência ou à desobediência à palavra do Senhor anunciada por Seu porta-voz, o profeta Jeremias. Percebe-se, porém, que houve uma maior descrição dos resultados positivos, isto é, haverá abundância de dons, enquanto a descrição dos resultados negativos limita-se a dizer que a casa será desolada. Assim, o que se realiza no presente terá consequências no tempo que se segue.

4.4. Como o conteúdo é apresentado?

O conteúdo é veiculado por meio de um oráculo profético, reconhecido, claramente, pelo uso da fórmula do mensageiro, "Assim fala o Senhor" (v. 1), e pela fórmula profética, "oráculo do Senhor" (v. 5), em um tom fortemente exortativo, contendo uma ordem do Senhor e que redundará em consequências favoráveis ou desfavoráveis para os destinatários, dependendo da obediência ou desobediência à palavra anunciada.

A palavra tem sua origem no Senhor, que se comunica com o profeta Jeremias (v. 1) para que a faça chegar ao rei de Judá, isto é, ao descendente de Davi e que estava sentado sobre seu trono (v. 2), indicando que existe uma sucessão ininterrupta da escolha divina (cf. 2Sm 7[15]), e para seus dignitários. Há uma situação deflagrada, a opressão de pessoas menos favorecidas, que deve ser resolvida por quem recebeu o cargo de administrador da justiça, isto é, o poder e o dever de praticá-la para mudar a situação (v. 3). A posição tomada diante da palavra, obedecer ou desobedecer, terá consequências positivas (v. 4) ou negativas (v. 5).[16]

A estratégia comunicativa utilizada é completa: há um sujeito emissor, o Senhor, que se serve de Seu mensageiro, o profeta Jeremias, para transmitir uma mensagem, o oráculo de juízo, a seus devidos destinatários, o rei de Judá, sua casa e seus cortesãos.

A relação entre causa e efeito é bem determinada: uma questão que terá resultados positivos ou negativos para os destinatários. O oráculo não obriga os destinatários a agirem, mas os interpela, chamando-os ao compromisso em razão da posição que ocupam na sociedade. "Somente se o rei se mantiver obediente a Deus, o crescimento do seu esplendor terreno pode ser considerado como sinal da 'salvação régia' concedida por Deus."[17]

4.5. Qual a mensagem do texto?

Do ponto de vista antropológico, há uma situação de injustiça social vigente, deflagrada pelo Senhor por intermédio do profeta Jeremias. Essa situação deve ser enfrentada pelo rei de Judá, que era o representante legal e civil do Senhor no que diz respeito à administração do direito e da justiça. Nessa situação, as pessoas oprimidas são as que dependem da justiça do rei para serem libertadas. Há opressores que devem ser punidos, por terem criado um desnível social, provocando sofrimentos, aos quais o Senhor não ficou alheio, mas manifestou-se a favor dos que estavam sofrendo.

Surgem questões: De que tipo de opressão e de violência o estrangeiro, o órfão e a viúva estariam sendo vítimas? De quem é o sangue inocente que estava sendo derramado? As referências no livro de Jeremias ao órfão e à viúva são cinco no total (cf. Jr 5,28; 7,6; 15,8; 18,21; 22,3; 49,11), e ao estrangeiro, somente três (cf. Jr 7,6; 14,8 refere-se ao Senhor; 22,3). Em nenhuma dessas ocorrências se encontra uma resposta para a primeira pergunta. A principal causa de morte dos varões casados acontecia por exploração no trabalho forçado ou pela participação nas guerras. Com isso, a viúva e o órfão tornavam-se vulneráveis e ficavam sem assistência. Já o estrangeiro era muito oprimido se fosse um serviçal do palácio real ou dos mais abastados da sociedade. O sangue inocente teria a ver com injustiças cometidas no tribunal presidido pelo monarca, quer pela omissão, quer pela corrupção que condenava os inocentes à morte por falsa denúncia. O Sl 94,21 diz que, nos tribunais corrompidos, o justo tinha sua vida ameaçada e o sangue inocente era declarado culpado.

Nota-se a relação desse texto com a ação divina no êxodo. Como nos tempos de opressão no Egito, que demandou do Senhor uma ação libertadora pelas mãos de Moisés, no tempo de Jeremias as injustiças sociais exigiam uma nova ação libertadora pelas mãos do descendente de Davi. O objetivo da ação visava salvaguardar os direitos inalienáveis dos que estavam sendo vítimas dos opressores, dentre os quais estavam o rei, seus familiares e dignitários, por não estarem praticando a justiça, em particular para salvar os menos favorecidos.

Do ponto de vista teológico, sobressai a ação do Senhor, que se demonstra inconformado, quando o assunto é a falha na administração do direito e da justiça em Judá-Jerusalém, local do palácio do rei e do templo, isto é, sede temporal e espiritual da justiça. A presença e a ação do Senhor, por meio de sua palavra dirigida ao profeta Jeremias, mostram que nada lhe escapava na vida de Seu povo e, em particular, na vida de seu representante legal: o monarca.

Pelo conteúdo do oráculo, percebe-se que o Senhor é o maior interessado pelo bem-estar dos menos favorecidos e por eles sempre irrompe, por meio de seus profetas, para reorientar a vida social de Seu povo, buscando eliminar os desníveis sociais. Fica em evidência, assim, o que caracteriza o Senhor, Deus do antigo Israel: é um Deus que, para ser devidamente cultuado no templo pelo rei, seus familiares, cortesãos e por todo o povo, requer, de todos os membros do povo eleito, as obras de justiça, sem as quais a fé, por mais expressiva que pudesse ser, resultaria vazia de significado.[18]

5. Análise de Lc 18,1-8

5.1 Texto

> [1]Disse-lhes uma parábola sobre a necessidade de que tinham de rezar sempre, sem nunca desanimar: [2]"Havia em uma cidade um juiz que não temia a Deus nem homem respeitava. [3]E naquela cidade havia uma viúva que sempre vinha a ele dizendo: 'Defende-me contra o meu adversário!' [4]E por algum tempo não queria; depois, porém, disse a si mesmo: 'Mesmo se não temo a Deus nem homem respeito, [5]mas, porque essa viúva me está a molestar, a defenderei, para que não venha sem fim a esbofetear-me.'" [6]Então, o Senhor disse: "Ouvi o que disse o juiz injusto! [7]E Deus não faria a defesa de seus eleitos, que gritam a ele dia e noite; tardará a atendê-los? [8]Digo-vos que fará, prontamente, a defesa deles. Mas, quando o Filho do homem vier, encontrará a fé sobre a terra?"

5.2 Estrutura do texto

A proposição de Jesus, no início (v. 1), e a dúvida, que deixa no final (v. 8b), fazem a moldura para a parábola[19] (vv. 2-5) e para o ensinamento que quis tirar a partir dela para os discípulos (vv. 6-8a), que não aparecem nominados, mas são referidos no pronome de terceira pessoa do plural como objeto do verbo: "Disse-lhes" (v. 1), na segunda pessoa do plural do verbo no Imperativo: "Ouvi" (v. 6), e no pronome de segunda pessoa do plural como objeto do verbo: "Digo-vos" (v. 8). A parábola, por sua vez, divide-se segundo a narrativa de Jesus, que apresenta o local, as personagens e as respectivas falas que cede à viúva e ao juiz. Há uma evolução que vai do dado menor ao dado maior na comparação desejada.[20]

5.3 Que diz o texto?

Jesus, valendo-se de uma realidade concreta ou "criando-a", quis dar aos discípulos um ensinamento sobre a necessidade de a oração ser insistente, a fim de realizar uma comparação entre a atitude humana, de um juiz injusto, e a atitude de Deus, justo juiz, no que diz respeito aos que, em suas orações, clamam por justiça. Há uma dupla intenção no ensinamento de Jesus: a) criar nos discípulos uma sensibilidade diante de uma questão social; e b) ajudar os discípulos a não perderem a fé diante das injustiças que encontrarem durante o exercício do ministério.[21]

O exemplo que usou envolveu elementos essenciais ao ensinamento: a) local: "uma cidade"; b) personagens diretos: "um juiz" e "uma viúva", e indiretos: "Deus", "homem" e "um adversário"; e c) uma situação que desencadeou tanto as ações quanto as reações dos personagens: um juiz que se nega a fazer justiça; uma viúva que não se acomodou diante da injustiça de que estava sendo vítima.

A cidade citada não tinha nome, mas tinha certo prestígio, pois tinha "um juiz" que era irreligioso, pois "não temia a Deus" e era desumano, porque "nem homem respeitava". A viúva figura como protagonista, visto que frequentemente vinha pedir ao juiz que lhe fizesse justiça diante de seu adversário. Essa questão jurídica permite pensar em várias hipóteses, entre as quais a busca do direito de ficar com os bens do marido, como é o caso de uma propriedade, que é uma herança de família. Por não se mencionar que a viúva tivesse filhos, os bens do marido podiam estar sendo usufruídos por um parente próximo, influente na cidade e que se sentia no direito de ficar com a herança do falecido (cf. livro de Rute).

O caso jurídico, que Jesus cita como exemplo para os discípulos, aponta para uma dupla insistência: da viúva que não deixa o juiz em paz e do juiz que não quis saber, por certo tempo, de exercer sua função a favor dela. A viúva representa todo aquele que não desiste na luta por seus direitos. A postura do juiz revela sua indiferença e seu interesse próprio, pois não julgou a causa da viúva porque era devida, mas porque não queria continuar sendo importunado por ela. Venceu a insistência da viúva.[22]

5.4. Como o conteúdo é apresentado?

Por meio de uma parábola, que termina em uma questão. A parábola citada por Jesus apresenta dois níveis, pelos quais, partindo de uma situação relacional humana, da viúva com o juiz, quis chegar a uma situação relacional do fiel com Deus, de quem sempre espera ações de justiça. No final, a questão provocadora concede um modo de se interpretar a parábola: se a viúva não fosse insistente e não tivesse fé no juiz, mesmo sabendo que ele era impiedoso e desumano, não teria alcançado êxito na busca da justiça.

O que Jesus quis transmitir é que Deus não deixa seus eleitos, que clamam, sem receber a defesa de que necessitam para sua causa.[23] A resposta está nas entrelinhas: a fé na vinda do "Filho do homem", que é a justiça de Deus para os eleitos, é o que move o discípulo a não esmorecer diante das injustiças e não permite pensar que Deus não se importa com seu sofrimento.

5.5. Qual a mensagem do texto?

Do ponto de vista antropológico, a questão da justiça não respeitada e não praticada é uma das mais prementes exigências presentes em todas as sociedades. A justiça que devia regular as relações, a fim de que cada pessoa tivesse seus direitos garantidos e não houvesse tanto desnível e discriminação em sua concessão, na maioria das vezes aparece deturpada e usada somente a favor dos que detêm o poder civil e religioso na sociedade. Com isso, o problema se agrava quando a prática da justiça diz respeito à negação dos direitos aos menos favorecidos, que na maioria das vezes não sabem como acessá-la.

A parábola contada por Jesus visou, em primeira mão, denunciar uma prática frequente, que teve um desfecho favorável porque a viúva se fez incansável na luta por e na defesa de seus direitos.[24] Os discípulos, destinatários diretos da parábola narrada por Jesus, tinham diante de si um claro exemplo de que não se deve somente exigir justiça, mas esta deve ser buscada por quem se sente e se sabe lesado em seus direitos. Além disso, os discípulos podiam aprender a fazer a diferença diante dos conflitos que surgiam na vida da comunidade e a não esquecer que "a injustiça e a opressão serão sempre o pão cotidiano dos discípulos".[25]

A pergunta por nada pessimista, na fala final de Jesus, ficou sem resposta. Ela está perto da afirmação que se encontra em Mt 24,12.24. Quando a fé e o amor são colocados à prova, permanecer firme é a decisão de quem não abre mão da esperança.[26]

Do ponto de vista teológico, a questão da justiça imbrica-se na questão da existência e do agir de Deus no mundo. Quando alguém não encontra mais uma instância para a qual apelar neste mundo, esbarra na questão de Deus. Quem lê a Sagrada Escritura e nela busca inspiração para a própria vida, constata que a exigência da prática da justiça é o carro-chefe da revelação divina.

Desde sua primeira página até a última, o exercício da justiça divina é o que se depreende da presença e do agir de Deus no meio do antigo

Israel e para além dele na plena revelação que se deu em Jesus Cristo, que deixou para os discípulos, como missão, a evangelização de todos os povos, a fim de instaurar o Reino de Deus, que é reino de justiça, em toda a face da Terra. A questão da justiça na Sagrada Escritura é, em última análise, a questão sobre a salvação do ser humano de toda injustiça e opressão (cf. Br 4,21-22).

6. Conclusão

A fé é, na história, uma resposta para a questão sobre a existência humana, e, nesse sentido, ela tem tudo a ver com a esperança, quando a realidade parece inspirar apenas dúvidas e incertezas. A fé, assim, vem assumida como combate no solo da vida. Isso foi o que o antigo Israel e a comunidade cristã das origens experimentaram quando tiveram de suportar "as demoras de Deus", mas não o fizeram de braços cruzados, esperando que a justiça social acontecesse de forma milagrosa.

Os profetas se insurgiram exigindo a prática da justiça e, para incrementar, anunciaram o "dia do Senhor" como uma certeza inabalável de instauração da justiça (cf. Jl 2,1-11; Am 5,18-20; Sf 1,14-18). Já a comunidade cristã, assimilando essa experiência, continuou cultivando a vinda gloriosa de Jesus (cf. 1Cor 1,8; 5,5; 2Cor 1,14; 2Ts 2,2), Senhor da história, como certa de acontecer no próprio tempo ou em um futuro imprevisível, sem deixar de trabalhar pela promoção e desenvolvimento do Reino de Deus.

Os profetas do antigo Israel, frequente e fortemente, abordaram o tema da administração da justiça, mas foi Jeremias quem, de forma inovadora e com grande coragem, tratou de levar a questão para o monarca, que era a máxima autoridade e, em última instância, o principal responsável. Jeremias insistiu no papel do rei no que diz respeito à defesa dos inocentes e mais necessitados.

Jr 22,1-5 é um oráculo que completa o sentido do que fora proferido com relação ao descaso quanto ao sábado (cf. Jr 17,21-27). Os dois oráculos, juntos, afetavam tanto a "casa do rei de Judá" (local da denúncia da prática da injustiça na horizontal) quanto o "templo de Jerusalém" (local da denúncia da prática da injustiça na vertical). Palácio do rei e templo eram as duas casas que davam solidez e legitimavam a realeza e sua importância social.

Acreditar, invocar e cultuar Deus são ações que somente adquirem sentido e significado para o antigo Israel e para os cristãos se existe conformidade da própria vida com o modo de ser e de agir de Deus, que é justo por natureza. Jr 22,1-5, em si mesmo, retrata, por um lado, que o Senhor vigia seu povo e não se conforma com as injustiças praticadas. Essa certeza de fé foi o que levou o profeta Jeremias a proferir o oráculo na presença dos que poderiam decretar sua morte: o rei e sua corte. A força do profeta advém da certeza de sua vocação (cf. Jr 1,1-10), sem a qual ele não teria realizado sua missão. Por outro lado, o texto retrata uma situação que podia ser revertida. A obediência do profeta tornava-se um apelo à obediência dos que detinham o poder e podiam evitar as injustiças sociais.

O contexto no qual se encontra Lc 18,1-8 é quase o término do caminho de Jesus rumo a Jerusalém, meta que Jesus tomou decididamente para si (cf. Lc 9,51). Ao longo desse caminho, segundo Lucas, Jesus se preocupou com a formação dos discípulos, em particular dos 12. Essa formação, então, revela o significado primário de Lc 18,1-8. Por meio dessa parábola, Jesus exemplificou o sentido da justiça e de como ela está intimamente ligada à fé. Transparece que a questão central em torno da justiça tenha a ver com um contexto de perseguição pela qual passava a comunidade lucana, que aguardava ansiosa o retorno de Jesus. A demora colocava a questão da fidelidade dos membros da comunidade.

Lc 18,1-8 é uma parábola exclusiva de Lucas que se dirige, em particular, a cristãos convertidos do paganismo e que viviam em um ambiente hostil, dominado pelo Império Romano, que fizera mártires a Pedro e a Paulo, considerados as grandes colunas do cristianismo nascente. O problema de fundo tem a ver com Deus e suas promessas.

Pairava uma dúvida: se Deus permitiu que Jerusalém e seu templo fossem destruídos, por que os cristãos, provenientes do paganismo e espalhados por todo o mundo, deveriam esperar o cumprimento das promessas que lhes foram feitas? A obra lucana quer demonstrar, exatamente, que Deus, por meio de Jesus Cristo, não somente se manteve fiel às promessas feitas ao antigo Israel, mas que foi além, pois incluiu também os pagãos e todos os excluídos que viviam a angústia pelo fim de todas as injustiças.

O significado redacional dessa parábola surge como um forte ponto literário e teológico, que, combinados, servem para exemplificar a lógica da revelação divina em Jesus Cristo: o tempo da justiça tornou-se o tempo da misericórdia. O que podia parecer indiferença de Deus aos problemas, dificuldades e sofrimentos dos cristãos revelou-se como o tempo da graça, pelo qual o testemunho de fidelidade dos cristãos, em meio às mais diversas situações de hostilidade, tornava a mensagem do Evangelho cada vez mais forte e capaz de comunicar o amor de Deus por toda a humanidade.

O uso de parábolas foi um recurso e uma das estratégias comunicativas bem utilizadas por Jesus ao propor seu ensinamento. Na parábola, porém, nem todos os elementos são rapidamente identificáveis. É possível que, no final, os destinatários ficassem com dúvidas quanto ao sentido e à aplicação da parábola. Quanto aos discípulos, Jesus afirmou que, para eles, os mistérios do Reino de Deus eram revelados, ao passo que para os demais somente por meio de parábolas (cf. Lc 8,9). Essa afirmação, porém, não impediu que Jesus também se dirigisse a seus discípulos por meio de parábolas. Com isso, formava-lhes um repertório que mais tarde seria usado por eles na missão evangelizadora.

Diante de uma comunidade que, por causa das inúmeras injustiças, expressa sua fé com sinais de enfermidade e sua esperança com traços de cansaço, a mensagem dos dois textos analisados aponta para a certeza de que a justiça de Deus continua triunfando, por meio de pessoas frágeis, sobre toda a forma de maldade e comprometimento com as injustiças.

A história universal e a história da salvação não são idênticas, mas se entrelaçam em uma dialética que permite ao fiel perceber que os acontecimentos salvíficos permeiam os fatos históricos quando ele assume, com convicção, seu papel profético e fraterno no mundo. A mensagem, assim, não fica fossilizada e apenas aceita como experiência de fé do passado, mas é entendida como uma proposta de vida para cada época em que as esperanças podem ficar vazias de significado. Com isso, escapa-se de um pensamento nefasto de quem vê o cristianismo como uma proposta de sociedade que ficou presa no passado (cristandade), sem alguma relevância para o presente e sem qualquer perspectiva transformadora do futuro.

É com essa visão que Dorothy Day, tendo recebido o batismo por convicção, tornou-se, por assim dizer, uma "viúva civil de marido vivo", e suas experiências militantes da adolescência e da juventude a modelaram, tornando-a uma ativista social muito próxima dos dois textos bíblicos que procuramos analisar. Sobressai, sobretudo, a iluminação divina que teve ao assumir, com fé, o caminho da prática do bem e da justiça que a transformou em uma mulher forte e determinada em seu tempo, fazendo dela uma das protagonistas por palavras e ações da doutrina social da Igreja.

As lutas que empreendeu pelos direitos humanos e pelos menos favorecidos revelam como aconteceu o despertar da presença e da ação de Deus em sua vida. Pela força da fé e pelo empenho em prol da justiça, Dorothy atuou como voz profética em seu tempo e para além dele. Sua inspiração cristã, pela causa social e pelo uso da não violência, mostra que nela não havia dicotomia entre a fé que professava e a ação revolucionária que realizava. Sua coerência de vida tornou-se seu grande testemunho cristão.

Dorothy é um claro exemplo de como a graça de Deus não limita ou atrofia a inteligência e a vontade humanas, quando alguém a Ele se abre, mas percebe que elas são potencializadas para que a liberdade seja a força de todas as convicções e das ações capazes de fazer germinar na sociedade uma semente transformadora. Ao lado disso, o compromisso com a fé, viva e atuante, modelou sua espiritualidade enraizada na prática do bem, no compromisso com a justiça e na força da caridade; virtudes sem as quais não fariam dela uma grande líder católica, comprometida na luta contra todas as formas de injustiças. A força de Dorothy advém, também, da certeza de sua vocação, sem a qual ela não teria realizado sua missão.

Concluo minha fala compreendendo, como Pedro, que Deus não faz acepção de pessoas, mas, em qualquer nação, aquele que o teme e pratica a justiça lhe é agradável (cf. At 10,34-35). Em nossa sociedade, os milhares que já se declaram sem religião não continuariam a sê-lo, e seu crescimento seria diminuído se os que se dizem cristãos fizessem de sua vida social a Igreja e o genuflexório de suas orações e ações de justiça. Assim, não haveria a dicotomia entre o que celebramos no culto litúrgico e o que fazemos na sociedade, porque esta seria a oração que leva à ação-síntese do Evangelho: "Dou-vos um novo mandamento: amai-vos uns aos outros como eu vos tenho amado. Nisto todos reconhecerão que sois meus discípulos, se tiverdes amor uns pelos outros" (cf. Jo 13,34-35), pois "não há maior prova de amor que dar a vida pelo irmão" (cf. Jo 15,13).

Dorothy Day, serva de Deus, inspirai-nos a vida evangélica da justiça, da paz e do amor!

Notas

1 Pode-se aceitar que a fé, no AT, seja definida como "obediência" (cf. Gn 22,1-2), como confiança (cf. Gn 15,6; Sl 119,66; Jr 39,18), como fidelidade (cf. Is 26,2-3) e como esperança (cf. Sl 119,81-82; Jr 8,15).

2 "As duas palavras-chave da definição são *hypóstasis* e élenkos. A fé é *hypóstasis* (convicção ou segurança que se apoiam sobre base sólida) das coisas celestes, enquanto são futuras: o futuro, apesar de todas as decepções sofridas, não é para o crente incerto e angustiante. É também élenkos (argumento decisivo, razão segura de sua verdade indefectível) das coisas celestes, enquanto são invisíveis: a fé transcende o que se percebe exteriormente e se apalpa com as mãos, aquilo de que se pode dispor" (M. Gelabert. Fé, confiança. In: X. Pikaza; N. Silanes (Orgs.). *Dicionário teológico O Deus cristão*. São Paulo: Paulus, 1998. p. 342).

3 O verbo hebraico *'āman* significa, no nifal, "ser confiável", "ser fiel", "digno de crédito", sendo utilizado em referência aos seres humanos (cf. Nm 12,7; 1Sm 22,14; Is 8,2) e, particularmente, com relação a Deus que é fiel, porque não quebra a aliança (cf. Dt 7,9). Esse verbo exprime uma realidade imutável sobre a qual cada pessoa, em meio às mais difíceis situações, pode depositar sua confiança. O correspondente grego de *'āman* é πιστεύω que significa "crer" em algo ou em alguém. A fé que o ser humano põe em Deus é o que abre a possibilidade para que se realizem suas obras. Por isso, ter fé em Deus significa abrir-se à presença e à ação de Deus (cf. H. Wildberger, אמן. In: E. Jenni; C. Westermann. *Diccionario teologico Manual del Antiguo Testamento*. Madri: Cristiandad, 1978. v. 1, p. 300-307).

4 "Ao Deus que revela é devida a 'obediência da fé' (cf. Rm 16,26; Rm 1,5; 2Cor 10,5-6); por ela, entrega-se o homem todo, livremente, a Deus, oferecendo 'a Deus revelador o obséquio pleno da inteligência e da vontade' e prestando voluntário assentimento à sua Revelação" (Concílio Vaticano II. Constituição Dogmática *Dei Verbum*, n. 5, 18 nov. 1965).

5 "Obedecer ('ob-audire') na fé significa submeter-se livremente à palavra ouvida, visto que a sua verdade é garantida por Deus, a própria Verdade. Desta obediência, Abraão é o modelo que a Sagrada Escritura nos propõe e a Virgem Maria, sua mais perfeita realização" (*Catecismo Igreja Católica*, n. 144; e ainda: n. 145-147).

6 "Só pela luz da fé e meditação da palavra de Deus é possível, sempre e em toda a parte, reconhecer Deus no qual 'vivemos, nos movemos e somos' (At 17, 28), procurar a sua vontade em todo o acontecimento, ver Cristo em todos os homens, quer próximos, quer afastados, ter um conceito exato do verdadeiro significado e do valor das coisas temporais, em si mesmas e em ordem ao fim do homem" (Concílio Vaticano II. *Decreto Apostolicam Actuositatem*, n. 4, 18 nov. 1965).

7 "Mais do que um ter, um saber ou um possuir, a fé é um 'ser possuído', um 'ser alcançado por Cristo Jesus' (Fl 3,12). Este encontro não exclui o conhecimento e a tradição doutrinal, porém, os integra: a fé na pessoa supõe a fé na palavra que a pessoa diz. Entendida assim, a fé cristã é experiência e vida, um participar da vida do Deus que se dá a nós" (M. Gelabert. Fé, confiança. Op. cit., p. 340).

8 Os termos *mishpat* e *ṣᵉdaqâ* são funcionais, muito frequentes em todo o AT, e são entendidos de acordo com os diferentes âmbitos da vida pessoal, social e cultual. O primeiro deriva da raiz שפט, que significa julgar; daí geralmente ser traduzido por "justiça", mas seu alcance e aplicação não se reduzem à esfera do direito, pois a principal intenção visa restabelecer a ordem em seus diferentes níveis sociais (cf. G. Liedke. שפט. In: E. Jenni; C. Westermann. *Diccionario teologico Manual del Antiguo Testamento*. Madri: Cristiandad, 1978. v. II, p. 1252-1265). O segundo, derivado da raiz צדק, tem conotação mais funcional no contexto da conduta adequada que se deve ter no âmbito da comunidade, sem que essa conduta se reduza, simplesmente, à esfera moral, e geralmente é traduzido por "direito", mas denota o equilíbrio e a equidade das relações humanas (cf. K. Koch, צדק. In: E. Jenni; C. Westermann. *Diccionario teológico Manual del Antiguo Testamento*. Madri: Cristiandad, 1978. v. II, p. 639-668). O termo grego δικαιοσύνη, que comumente traduz o hebraico *tsedaqâ*, não evoca a ação misericordiosa de Deus, mas a retribuição segundo as obras praticadas, exaltando sobretudo o mérito e o demérito, e não a graça salvífica em Jesus Cristo.

9 Na Antiguidade e na Idade Média, a justiça denotava, muito mais, uma virtude pessoal, definida como o desejo pertinente de se retribuir, a cada indivíduo, o que lhe era devido. Isso, porém, não ofuscava e não invalidava a dimensão social da justiça, exigida e que devia ser praticada, sobretudo, pelos que eram detentores de poder, tais como os governantes e os juízes. Os movimentos do cristianismo social, em âmbito protestante, e a encíclica *Rerum novarum*, em âmbito católico, lançaram, no final do século XIX, as bases cristãs para se buscar uma nova ordem na sociedade na qual a justiça social se refletisse na igualdade social e econômica dos cidadãos (cf. J. Porter. Justiça. In: J.-Y. Lacoste. *Dicionário crítico de teologia*. São Paulo: Paulinas/Loyola, 2004. p. 968, 970-971).

10 "Para satisfazer às exigências da justiça e da equidade, é necessário esforçar-se energicamente para que, respeitando os direitos das pessoas e a índole própria de cada povo, se eliminem o mais depressa possível as grandes e por vezes crescentes desigualdades econômicas atualmente existentes, acompanhadas da discriminação individual e social" (Concílio Vaticano II. Constituição Dogmática *Gaudium et Spes*, n. 66, 7 dez. 1965).

11 Cf. Leão XIII. *Carta Encíclica Rerum Novarum*, n. 14, 15 maio 1891.

12 Jeremias podia estar no templo que sobressaía em relação ao palácio do rei e ao restante da cidade (cf. A. Weiser. *Geremia* [capitoli 1-25,14]. Brescia: Paideia, 1987. p. 349).

13 Cf. A. Weiser. *Geremia*. Op. cit., p. 349; S. Manfredi. *Geremia in dialogo*. Caltanissetta-Roma: Salvatore Sciascia, 2002. p. 172.

14 Os responsáveis pela injustiça eram muitos, mas no topo estava o monarca. "Amós denunciou e ameaçou Jeroboão II. É Jeremias, porém, que tem o enfrentamento mais duro com Joaquim (23, 13-19) e julga todos os monarcas de acordo com a prática da justiça." Por certo, "Jeremias, pregador incansável da conversão, pensa como Amós que dela depende o futuro, não só do povo, mas também da monarquia. Mas não espera muito de um povo que se aferra à deslealdade e à mentira" (J. Luís Sicre. *Com os pobres da Terra*: a justiça social nos profetas de Israel. São Paulo: Academia Cristã/Paulus, 2011. p. 575-578).

15 Parece que Jeremias desvinculou a sucessão ao trono de Davi da antiga promessa contida em 2Sm 7,1-17 para colocá-la na dependência da prática da justiça (cf. J. Luís Sicre. *Com os pobres da Terra*. Op. cit., p. 468).

16 As consequências positivas ou negativas, que são anunciadas, têm a ver com as grandes instabilidades que o trono de Davi sofreu a partir da morte trágica de Josias em 609 a.C., na batalha de Meguido. Depois dele, entre Joacaz/Selum e Joaquin (Yᵉhôyākîn = "o Senhor estabelecerá"), que somente reinaram três meses, Joaquim (Yᵉhôyāqîm = "o Senhor levantará"), um déspota, que reinou de 609 a 598 a.C., e, em meio a grandes e graves dificuldades, realizou reformas no palácio às custas de injustiças com os trabalhadores. Para mais detalhes sobre as crises e as mudanças que ocorreram após a morte de Josias no campo de batalha, ver J. Luís Sicre. *Com os pobres da Terra*. Op. cit., p. 456-471.

17 A. Weiser. *Geremia*. Op. cit., p. 349.

18 Sobre a evolução socioeconômica de Israel, ver J. Luís Sicre. *Com os pobres da Terra*. Op. cit., p. 61-108.

19 "A estrutura das parábolas é simples e pontual: um desenvolvimento da ação monolinear contendo no máximo três pessoas ou grupo de pessoas, cenas claramente circunscritas, convergência precisa dos simples traços sobre o ponto principal, evidente importância da parte final" (G. Haufe. παραβολή. In: H. Balz; G. Schneider. *Dizionario esegetico del Nuovo Testamento*. Brescia: Paideia, 2004. p. 746-748).

20 Segundo R. Meynet (*Il Vangelo di Luca*: análise retórica. Bolonha: EDB, 2003. p. 642), é possível dividir o texto de Lc 18,1-8 em três partes: uma parábola ao centro (vv. 2b-5), emoldurada por duas lições (vv. 1-2a e vv. 6-8). A parábola em si subdivide-se ainda em duas partes (vv. 2b-4a e vv. 4b-5).

21 "A expressão 'rezar sempre' é rara no Novo Testamento. Na tradição rabínica também não encontra fáceis consonâncias. Trata-se, evidentemente, de uma afirmação hiperbólica, que assinala mais a urgência teológica que cronológica. A exigência é confirmada pela expressão paralela 'sem nunca desanimar'... O cristão é aquele que acredita na incansável bondade [de Deus], na fidelidade para

com o homem; por isso, não esmorece na sua oração" (O. da Spinetoli. *Luca*. Assisi: Cittadella, 1986. p. 558-559).

22 A vitória da viúva, na verdade, é sinal da vitória de Deus sobre a falta de temor e de piedade do juiz injusto, pois Deus não desconsidera a oração de seus fiéis que clamam por justiça. Com isso, Lucas evidencia a solicitude de Deus por seus eleitos, que, no mundo, por causa de Jesus Cristo e de seu Evangelho, ficam expostos a todo tipo de perseguição e sofrimentos (cf. L. Sabourin. *Il Vangelo di Luca*: introduzione e commento. Casale Monferrato: Piemme; Roma: PUG, 1989. p. 294).

23 "Deus com certeza assumirá a causa de seus eleitos, fará justiça plena aos que lhe suplicam. Esta interpretação da parábola, que põe em comparação um juiz iníquo deste mundo com o modo de agir de Deus, baseia-se no pressuposto bíblico de que Deus é o defensor dos fracos e dos oprimidos (cf. Eclo 35,12-18; Dt 10,17-18)" (R. Fabris. O Evangelho de Lucas. In: R. Fabris; B. Maggioni. *Os Evangelhos* (II). São Paulo: Loyola, 1992. p. 176).

24 A atitude do juiz não foi descrita somente para mostrar uma pessoa relevante na sociedade, mas para denunciar o que continua afligindo os mais necessitados de justiça, quando seus direitos não são atendidos, e suas causas, desconsideradas (cf. O. da Spinetoli. *Luca*. Op. cit., p. 560).

25 R. Meynet. *Il Vangelo di Luca*. Op. cit., p. 643.

26 A pergunta final (v. 8) tem a ver com o tema desenvolvido em Lc 17,27-30, que trata da indiferença do ser humano pela vida eterna e pelo apelo divino ao arrependimento. Diante das inúmeras dificuldades que os cristãos da primeira hora tiveram de enfrentar, muitos se deixaram levar pela apostasia e pelo esfriamento do primeiro amor. Manter a fé em Jesus, justo juiz, é sinal não só de insistente oração, mas de que a justiça de Deus não abandona os que Nele esperam (cf. L. Sabourin. *Il Vangelo di Luca*. Op. cit., p. 295).

A padroeira do anarquismo: Dorothy Day e a construção da memória eclesial

Michael L. Budde

1. Introdução

DOROTHY DAY NÃO FOI NEM A PRIMEIRA NEM A ÚLTIMA A AFIRMAR QUE O discipulado cristão deveria requerer uma disposição anarquista em relação aos poderes do governo, especialmente no caso do Estado moderno. Defender algo denominado "anarquismo cristão" nunca foi fácil, dada a resistência à categoria, vinda tanto dos anarquistas quanto dos cristãos. Sugerir que o catolicismo, entre todas as coisas, pode e deveria adotar uma crítica anarquista em relação ao Estado vai contra séculos de teologias sobre a legitimidade da espada temporal, inúmeros exemplos de cruz e espada juntando forças em empreitadas comuns e mais de cem anos de ensinamento papal sobre o Estado ser responsável pelo bem comum. O anarquismo católico se apresenta como um oximoro, uma contradição que não merece atenção ou consideração respeitosa.

Tal é o estado das sensibilidades anarquistas de Dorothy Day. Como uma das leigas de maior influência no catolicismo dos Estados Unidos no século XX, alguém que hoje é considerada para a canonização por pessoas de todos os lugares entre os católicos dos Estados Unidos, o processo de construção da figura dominante de Dorothy Day ainda está em andamento. Que histórias serão contadas sobre ela, quais de suas ideias, práticas e posições — e houve muitas, espalhadas por mais de 83 dos anos mais tumultuados da era moderna — serão consideradas dignas de imitação, adoção e instrução? Para os católicos com instintos políticos progressistas, Dorothy é a comunista e socialista, cuja conversão ao catolicismo nunca enfraqueceu seu comprometimento com a justiça social e vida entre os mais pobres dos pobres; ela mesclou os trabalhos corporais de misericórdia com uma crítica consistente da guerra, injustiça econômica e racismo. Para a direita católica, Dorothy é a ex-boêmia que se arrependeu de um aborto feito na juventude, sacrificou seu casamento secular em favor de uma vida na Igreja e alguém que rejeitou as tentações do Estado de bem-estar social em favor da caridade feita por meio do setor não governamental.

Certamente, nada disso é incomum ou excepcional. O que Craig Hovey diz sobre como mártires confiam seu legado à Igreja é igualmente verdadeiro sobre a vida de exemplos como Dorothy Day. Eles se entregam

> [...] à memória da Igreja sem garantia de que a Igreja irá discernir o significado de sua morte em sua existência contínua. Não porque eles podem ser traídos pela Igreja, mas sim porque mesmo na morte eles se sujeitam abertamente à disciplina da Igreja. Afinal, a maneira pela qual a Igreja narra o passado é um trabalho de disciplinar suas tendências ao autoengano e de aprender a falar a verdade, especialmente em relação às coisas em que falhou.[1]

Certamente, nem tudo na vida, trabalho e pensamento dos cristãos exemplares, mesmo aqueles como Dorothy Day, pode ou deve ser imitado ou recomendado a outros fiéis. Como Dorothy mesma dizia, parafraseando um de seus mentores espirituais, uma pessoa poderia ir para o inferno imitando as imperfeições ou defeitos dos santos.[2] Trinta e três anos após sua morte, muito do maquinário de memória católico parece ter decidido que, de tudo o que deve ser preservado do testemunho de Dorothy Day — seu compromisso para com os sacramentos, sua defesa destemida dos pobres e vítimas da injustiça social, seu comprometimento com a comunidade cristã e uma sensibilidade ecológica anos à frente de seu tempo —, o anarquismo que ela viveu, defendeu e recomendou por toda a vida deve permanecer enterrado, um presente rejeitado, um adendo opcional e deficiente a uma vida de outra maneira aproveitável e digna de institucionalização por via da canonização formal e das comemorações informais.

Minha visão pessoal é outra. O anarquismo que Dorothy Day praticava e pregava, em vez de ser periférico em relação à sua notável vida de testemunho, é central para ela. Sua "teoria do Estado", para usar um termo da teoria política contemporânea, longe de ser um despojo deficiente e utópico que pode ser descartado sem consequências, é na verdade uma contribuição séria e importante às questões contínuas sobre como o discipulado cristão pode ou deve se relacionar com os princípios e poderes que governam o mundo temporal. O anarquismo de Dorothy Day, contrariamente às afirmativas de seus inimigos e discordâncias de alguns de seus amigos, merece mais atenção, não menos; mais imitação, não menos: mais experimentação e risco, não menos.

2. O anarquismo de quem? Que tipo de cristianismo?

Uma razão pela qual o anarquismo parece ser uma postura política tão pobre é a natureza fragmentada de seus partidários — o anarquismo de Proudhon não é o anarquismo de Bakunin, que não é o anarquismo de Malatesta, que não é o anarquismo de Tolstói. Os anarquistas espanhóis não são os anarquistas mexicanos, e os Trabalhadores Industriais do Mundo não são a Internacional Situacionista. Há anarquistas pacifistas e anarquistas violentos; anarquistas que desprezam o capitalismo e anarquistas que idolatram o capitalismo; anarquistas que privilegiam o passado pré-industrial e anarquistas que abraçam um futuro hipertecnológico. Uma velha piada entre os judeus é que uma pessoa pode fazer a mesma pergunta a dois judeus e obter três opiniões; Charles de Gaulle uma vez perguntou: "Como alguém pode governar uma nação que tem 246 tipos de queijo?" O anarquismo é uma tradição que não está sozinha em ser diversa ao ponto da distração ocasional, mas é algo notável mesmo assim.

De maneira similar, o universo de opiniões a respeito do que é o cristianismo "real" é tamanho que não precisa ser explorado aqui. O cristianismo parece às vezes tão dividido que faz o anarquismo parecer uma tradição unificada e coerente de pensamento e prática por excelência.

Importa que essas duas traduções sejam fissíparas. O que importa ainda mais é que Dorothy Day, incorporando e estendendo as contribuições de seu mentor Peter Maurin, obtém coerência, consistência e algo atraente das duas tradições por meio da equação que ela construiu ligando as duas.

Eu não sou matemático, mas a fórmula de Dorothy Day é bastante direta:

Pacifismo cristão + comprometimento pessoal com os trabalhos de misericórdia = anarquismo católico

A noção de que Jesus realmente falava sério a respeito do que os evangelhos reportam sobre amar seu inimigo, dar a outra face, responder ao mal com o bem, abaixar a espada — nada disso é original de Dorothy Day, e na verdade tem uma linhagem longa e venerável na tradição cristã. O poder político, a propriedade que Satã ofereceu a Jesus em troca de adoração (Mt. 4:8-10) são incompatíveis com seguir um Messias que morreria por seu povo, mas não mataria por ele; o tipo de poder típico do mundo, que domina e se impõe sobre os outros, é proibido aos seguidores de Jesus (Lc. 22:26). A insistência de que amar seus vizinhos o impede de matá-los, não importa a causa — e a causa de quem seria mais justa que a de Jesus, afinal? —, dá uma forma definitiva ao discipulado cristão, aos propósitos e natureza da Igreja e a como os cristãos constroem as implicações sociais, políticas, econômicas e culturais do aqui-mas-não--consumado Reino de Deus.

Ao mesmo tempo, Dorothy acreditava que todos os cristãos deveriam praticar os tradicionais trabalhos de misericórdia da Igreja. Ela escreveu:

> Cristo comandou Seus seguidores a realizar o que os cristãos convencionaram chamar de trabalhos de misericórdia: alimentar os famintos, dar de beber aos que têm sede, dar de vestir aos despidos, abrigar os sem-abrigo, visitar os doentes e cativos e enterrar os mortos. Com certeza um programa simples para ação direta, e um ordenado a todos nós. Não apenas para "programas de pobreza" impessoais, agências governamentais, mas ajuda dada de coração como sacrifício pessoal. E quão oposto a tal programa é o trabalho de guerra que deixa pessoas famintas por meio de embargos, assola a terra, destrói lares, dizima populações, mutila e condena milhões ao confinamento em hospitais e prisões.[3]

Para entender a política de Dorothy Day, é importante manter sequências e prioridades. Seu comprometimento com o Jesus de paz, o servo em sofrimento que aceitou a cruz e não a espada, apoia qualquer política que ela esposou. Todos os partidos políticos, políticas, opções e disposições foram testados contra os fins do Reino de Deus e as maneiras do Jesus não violento. Ela poderia aceitar a existência de atributos comuns entre as divisões, poderia reconhecer fins compartilhados e discordâncias entre os meios; mas, para ela, diferentemente de muitos, convicções teológicas dirigiam as escolhas políticas, e não o contrário. Ser discípula de Cristo era mais importante do que ser socialista, anarquista, comunista ou qualquer outra coisa; ela carregou muito desses movimentos para sua vida cristã, mas apenas aqueles aspectos que ela julgava compatíveis com o amor aos pobres, a fome por algo melhor para os oprimidos e a coerência entre os fins e meios que dava credibilidade ao Evangelho como Boas-Novas para um mundo de guerras, impérios e capital.

A versão do anarquismo de Dorothy aceitava que o Estado moderno, em seus aspectos essenciais e não meramente em suas contingências, era um instrumento de violência e letalidade. Requeria o sacrifício de tudo por sua contínua existência — sua autopreservação é o *summum bonum*, que não pode ser questionado. Além disso, o Estado moderno estava por si só ligado inextricavelmente ao capitalismo, uma teologia anticristã que roubava da maioria das pessoas seus meios de subsistência e as empurrava para uma existência proletarizada e degradada. As expulsões forçadas de milhões de suas terras, o crescimento de cidades tornadas inumanas por seu tamanho, a degradação do trabalho de um meio de enriquecimento humano ao nível de fábricas que destruíam corpo e alma — tudo isso estava ligado à violência do Estado. O Estado criava e cumpria leis de propriedade que despossuíam a maioria das pessoas; o Estado escrevia as leis que permitiam aos ricos explorar os pobres, e mantinham a polícia e as prisões, que criavam uma "ordem" do tipo mais odioso; e o Estado fazia a guerra, sempre a guerra, para expandir o alcance do capital e da sede de poder — sempre por nobres e corretos propósitos, é claro — que fazia das conversações de paz um boato perpetrado sobre a classe trabalhadora e os pobres enquanto estes eram recrutados, propagandizados e mandados para morrer aos milhões.

Sua visão da conexão entre essas coisas esteve exposta incontáveis vezes nas páginas da *The Catholic Worker* e em outros lugares; sua coluna de abril de 1948 se distinguiu por sua eloquência, não seu conteúdo:

> Se aceitássemos a filosofia ateia e materialista do Estado capitalista que possui os Estados Unidos, então poderia haver pouca objeção a esse estado das coisas. Se nossos valores forem derivados da bolsa de valores, se nos juntarmos à mania psicopata que fez da guerra um fim em si mesma, que fez dela a norma da economia americana... então estamos no caminho certo.
>
> Ir à guerra significa ir contra todo sentimento decente e contra todos os clamores por justiça e todo o amor do homem por seu vizinho. A política dos Estados Unidos é anticatólica porque é ateia. Deus não entra nela, pois em Seu lugar está a CONVENIÊNCIA. Tornou-se conveniente que assassinemos, tornou-se conveniente que ignoremos que os preceitos

de Jesus Cristo dados no Sermão da Montanha são aplicáveis a TODOS OS HOMENS, não só a uns poucos escolhidos que devem ser perfeitos. É conveniente que preguemos ódio aos comunistas para o povo, que coloquemos símbolos de ódio nas portas das igrejas e vendamos livros de quadrinhos de ódio nos vestíbulos das igrejas. O cristianismo foi reduzido pelos teólogos a uma regra de conveniência, o cristianismo foi identificado ao americanismo, à escória da direita!

De maneira simples, a profana mistura do capitalismo com o entusiasmo pela guerra faz com que os cristãos tenham de fazer escolhas. "Nós somos contra a guerra porque ela é contrária ao espírito de Jesus Cristo, e a única coisa importante é que nos apoiemos em Seu espírito. Isso é mais importante do que ser americano, mais importante do que ser respeitável, mais importante do que a obediência ao Estado. É a única coisa que importa."

E ela conclui: "É melhor que os Estados Unidos sejam liquidados do que sobreviverem pela guerra."[4]

O tipo de anarquismo que Dorothy esposava era aquele de Proudhon e Kropotkin — focado na desproletarização, em prover os meios de produção diretamente ao povo pela via das cooperativas em fazendas, fábricas, uniões de crédito, empreendimentos e iniciativas comunais. Ela e Peter Maurin viam o capitalismo e o socialismo de Estado como membros da mesma família econômica, uma que presumia a inerente superioridade e inevitabilidade do processo de industrialização de massa, e uma divisão do trabalho tornada possível pela expropriação forçada das pessoas de seus meios de subsistência. Com os dois pés firmemente plantados na miséria tanto do proletariado quanto das comunidades rurais empobrecidas — meeiros, trabalhadores migrantes, refugiados da agricultura industrial despossuídos de terra, migrantes explorados —, Dorothy via a natureza ilusória do "progresso" oferecido pelo capitalismo moderno, assim como a violência direta e indireta do Estado, criada e sustentada pela expropriação necessária para tal sistema opressivo operar.

Esse não é o tipo de anarquismo que glorifica o individualismo, ou pune o Estado para liberar o capitalismo dos limites da regulação ou restrições. Este é o tipo de socialismo libertário advogado por divulgadores como Rudolph Rocker e Noam Chomsky na Europa e América do Norte; prepara o solo para muitas correntes na economia ecológica, incluindo pensadores católicos como Ivan Illich e E. F. Schumacher. Deve muito ao movimento distributista do final do século XIX e início do século XX — nomes como Eric Gil, G. K. Chesterton e Hillaire Belloc vêm à mente, os quais por sua vez construíram sobre o trabalho de John Ruskin, William Godwin, Proudhon e Kropotkin. Dorothy continuou sendo uma estudante de alternativas comunais para a política econômica do capitalismo por toda a sua vida, estudando e visitando experimentos seculares e religiosos pelo mundo.

Esse tipo de anarquismo, como Dorothy sempre citou Peter Maurin como tendo dito, envolvia criar um novo tipo de sociedade, "para ser construída no aqui e agora, *dentro* da casca da outra".[5] Peter ecoa Bakunin, que distinguia o comunismo do (anarquismo) coletivista precisamente neste aspecto:

> Eu não sou comunista, porque o comunismo concentra e engole para benefício do Estado todas as forças da sociedade, porque inevitavelmente leva à concentração de propriedade nas mãos do Estado, enquanto eu quero a abolição do Estado... Eu quero ver a sociedade e a propriedade social coletiva organizadas de baixo para cima, por meio da livre associação, não de cima para baixo...[6]

Como nota um estudioso, na visão de Bakunin "os trabalhadores deveriam se esforçar para criar seu mundo futuro no coração do mundo burguês existente, ao lado, mas completamente separado dele", usando organizações cooperativas para produzir e distribuir bens e serviços de maneira mais igualitária.[7]

Apesar das críticas em contrário, as sensibilidades anarquistas de Dorothy miravam a praticidade e o realismo mesmo quando confrontando os grilhões institucionais e mentais do Estado e do capital corporativo. Ela se recusava a pagar impostos de renda federais como maneira de resistir à máquina imperial fomentadora de guerras; mas pagava impostos locais por considerar que eles proviam serviços úteis como proteção contra incêndios e tinham o potencial de estar de maneira menos óbvia sob o transe do Estado militarista. No período de muitas décadas, ela se recusou a votar como sinal de que sua aliança era com Deus e o povo de Deus em vez de com a nação, o Estado ou o partido — isso vindo de uma mulher que foi presa em protestos sufragistas em sua juventude. Ela deu boas-vindas aos aspectos dos ensinamentos sociais católicos que destacavam o bem comum, às virtudes da descentralização, ao valor da vida na terra e ao imperativo de servir os pobres; e calmamente ignorou aqueles aspectos dos ensinamentos que pareciam ingênuos em seu abraço à industrialização e à capacidade do Estado em servir ao bem comum. Ela apoiou greves de sindicatos e os direitos de organização por décadas, mesmo discordando das formas mais conservadoras de sindicalismo que passaram a dominar o movimento trabalhista norte-americano; para ela, os Trabalhadores Industriais do Mundo (um movimento trabalhista anarquista radical) continuavam a ter muito a dizer, mesmo quando encolheram como resultado da opressão governamental e cooptação do restante do movimento trabalhista.

O industrialismo, quer capitalista, quer socialista, representava uma via sem saída que condenava as massas de pessoas por todo o mundo a uma vida de servidão, insegurança e pobreza — exceto durante a guerra, quando a produção aumentava e os trabalhadores aprendiam a afundar os ensinamentos de Cristo para não interromper salários crescentes, benefícios e emprego.

O anarquismo de Dorothy estava ciente de sua má reputação — de bombardeadores e matadores de clérigos, na visão da direita, e de agricultores anti-industriais apaixonados por uma imagem idealizada da Idade Média, de acordo com a esquerda. O que deu a seu pensamento tanto coerência quanto credibilidade foi sua radicação em uma prática holística de discipulado em todos os aspectos da vida — registros de prisões em protestos contra a guerra e suas muitas seduções a protegiam da associação do anarquismo com a violência, e uma vida inteira vivendo com os pobres da cidade e advogando por seus direitos contradizia quaisquer acusações de ser uma medievalista iludida ou alguém que romantizava o rústico.

Ela era suficientemente familiarizada com e suficientemente confiante entre os comunistas e socialistas, seus antigos camaradas e amigos de uma vida inteira, para ignorar acusações de que seu endosso da propriedade fazia dela uma apologista da pequena burguesia. Como escreveu uma vez, "quando falamos de propriedade, não pensamos em ações e títulos, participações em minas de carvão, a propriedade dos caçadores em suas casacas vermelhas (em uma caça às raposas dos ricos). Eles não têm nenhum respeito pela propriedade", porque negavam mesmo os direitos básicos à terra ou aos recursos produtivos aos pobres. Ela percebia a hipocrisia da acusação da direita de que ela era uma comunista que se opunha ao direito de propriedade; referindo-se aos Estados Unidos nos anos 1940, ela disse:

Não há respeito à propriedade aqui. Então, por que falamos de lutar contra o comunismo, ao qual deveríamos nos opor, porque acaba com a propriedade privada? Nós já fizemos isso muito bem em nosso país. Ou porque ele nega a existência de Deus? Não vemos Cristo em nossos irmãos, os mineiros, em nosso irmão John L. Lewis [líder do sindicato União dos Trabalhadores de Minas da América]. Vivemos em uma época de guerra, e o virar das rodas da indústria, o próprio trabalho nas minas depende de nossas guerras.[8]

A equação de Dorothy (pacifismo cristão + personalismo = anarquismo) foi um negócio caro. Sua recusa em endossar a Segunda Guerra Mundial lhe custou inúmeros apoiadores, incluindo alguns dos círculos de liderança de seu movimento.

3. Uma anarquista solidária à revolução

Como Bakunin, Dorothy negou aos marxistas o direito de se chamarem de os únicos defensores da revolução. Diferentemente de muitos autoproclamados cristãos progressistas ou liberais da América do Norte e Europa, que tinham uma afeição sentimental pelo pacifismo, mas se eriçavam com a ideia de uma revolução violenta — relutantemente endossando políticas contrarrevolucionárias ou condenando movimentos revolucionários por "irem muito longe" —, Dorothy manteve uma vida de apoio e solidariedade a causas revolucionárias pelo mundo todo, especialmente na América Latina.

Quando jovem, trabalhou para a Liga Anti-imperialista, uma organização comunista que apoiava Sandino em seus esforços revolucionários na Nicarágua; entrevistou Sandino em pelo menos uma ocasião,[9] e expressou apoio às intenções do movimento sandinista de derrubar o regime de Somoza no ano anterior à sua morte. Ela tinha grande interesse por movimentos e líderes revolucionários na África, e esperava boas coisas de revolucionários católicos como Julius Nyerere, da Tanzânia.[10]

Mas era Cuba que tinha um lugar especial no coração e nos escritos de Dorothy. Escrevendo em 1961, reconheceu a dificuldade em expressar suas visões de Cuba e de sua revolução, porque, de um lado, "somos religiosos em nossa atitude, com um grande amor pela Santa Madre Igreja; e somos revolucionários, do nosso próprio jeito".[11] Não se contentando com a propaganda do governo norte-americano, seus aliados na mídia ou a hierarquia católica, Dorothy fez sua própria viagem a Cuba em 1962

— sabendo bem que seria considerada ingênua, por um lado, e insuficientemente revolucionária, pelo outro. Escreveu um longo relato em quatro partes de suas viagens — um misto de observações próximas e detalhadas e reflexões sobre grandes questões da política e da fé.

Castro e sua revolução apresentaram a Dorothy uma justaposição de várias de suas prioridades de vida e convicções teológicas centrais: mudança autêntica que buscava melhorar a sina dos pobres, uma rejeição do capitalismo e do neocolonialismo, milhões de pessoas oprimidas infundidas de esperança por dias melhores. Assim como relatos de perseguições da Igreja que ela amava, prisões de opositores políticos em larga escala, um Estado e sociedade militaristas sem pretensão de terem simpatias não violentas ou pacifistas.

Então ela foi, viu, entrevistou, estudou e refletiu. Discordou dos relatos de completa perseguição da Igreja:

> Deixe-me ressaltar que eu fui à missa e à comunhão diariamente, que as igrejas, mas não as escolas, estão abertas, que quase 200 padres ficaram e mais estão chegando para ficarem no lugar dos que foram embora voluntariamente (intimidados, insultados, em alguns casos ameaçados, mas não coagidos a ir), que dois seminários pequenos estão abertos, aulas de catecismo continuam e a presença de irmãs e de uma ativa comunidade secular de mulheres alegra o coração.[12]

Ela notou que, apesar de os católicos na época terem "completa liberdade de expressão e havia tanto críticas quanto elogios ao regime", era em relação à educação que os pais católicos estavam encrencados. A questão, como observou, era "como podemos deixar nossos filhos frequentarem escolas onde o marxismo-leninismo é ensinado?"[13]

Em tudo isso, Dorothy procurou discernir as coisas corretamente e avaliar seu conselho com cuidado. Disse a alguns de seus companheiros católicos cubanos em conversas que o Papa encorajava as pessoas a encontrarem "concordâncias" em vez de "heresias", e para "trabalharem até onde pudessem com a revolução, e sempre estarem prontos para dar uma razão para a fé que está em si mesmo."[14] Seu exemplo de tal prática se focava no canto da *Internacional*, "cuja maioria dos versos pode ser cantada com entusiasmo", incluindo "Levantem-se, pobres do mundo/ De pé, escravos sem pão/ e vamos gritar todos juntos/ unidos, longa vida à *Internacional*/ Vamos remover as correntes/ que prendem a humanidade/ vamos mudar a face da Terra/ enterrando o império burguês."[15]

Acrescenta, no entanto, que na terceira estrofe "recomendaria que as crianças se sentassem. Ela diz: 'sem mais Salvadores Supremos/ sem César, sem burguês, sem Deus. Nós temos nossa própria redenção'."[16]

Dorothy estava ciente de que o apoio crítico que deu à Revolução lhe traria críticas.

> É claro que sei que a ilha é um campo armado, que todo o povo forma a milícia. É tarde demais agora para falar em não violência, com uma invasão [dos Estados Unidos] atrás deles, e ameaças de outra à frente. E de acordo com os ensinamentos católicos tradicionais, o único tipo que Fidel Castro já teve, o bom católico também é o bom soldado.
> Vários de nossos antigos editores nos acusaram de desistir de nosso pacifismo. Que absurdo. Somos tão inadulteradamente opostos à resistência armada e revolta armada nas reconhecidamente intoleráveis condições existentes na América Latina como sempre fomos... Somos contra a pena capital quer ela aconteça no nosso próprio país ou na Rússia ou em Cuba. Somos contra prisões em massa quer seja de delinquentes ou contrarrevolucionários...
> Ninguém espera que Fidel se torne outro Martinho de Tours ou Inácio e abaixe suas armas. Mas rezamos para que a graça de Deus cresça nele e que com uma ordem social melhor, a graça vá crescer na boa natureza, e a Igreja seja livre para funcionar, dando-nos os Sacramentos e a pregação do Homem de Paz, Jesus.[17]

Alguns meses depois, ainda com Cuba na mente, Dorothy escreveu:

> Ainda há muito que quero escrever sobre Cuba e porque estamos tão interessados, apesar de sermos pacifistas e nos opormos a todo o controle do Estado. É porque o zelo e entusiasmo dos jovens de Cuba faz crescer nossa esperança para o homem — que ele possa passar por uma grande transformação, que possa se converter em um zelo reconfortante pelo bem comum. É claro que vejo as tragédias que inevitavelmente acompanham cada grande mudança, e mais ainda quando tais mudanças são causadas por guerras. Odeio o acúmulo de armas em Cuba tanto quando o odeio em meu próprio país, o desperdício de inteligência, o desperdício de recursos. Somas incríveis são gastas em destruição, que poderiam ser usadas em escolas, hospitais, no desenvolvimento de novas e melhores instituições. Odeio pensar nos prisioneiros ainda em prisões cubanas, e nas "favelas" que se formaram nos jardins das embaixadas, onde fugitivos amedrontados também estão aprisionados... Odeio ver mulheres especialmente orgulhosas em carregar armas.

Essas coisas, e essas coisas somente, eu encontrei para criticar e condenar, mas continuarei a tentar escrever sobre todo o bem que está acontecendo...[18]

Não foram apenas os membros do Movimento Operário Católico que foram desafiados pela Revolução Cubana, tanto em suas origens quanto na maneira como ela evoluiu pelas crises e pressões da guerra fria. Apesar de não abandonar seu comprometimento com a política não violenta, Dorothy também não renunciou às suas sensibilidades revolucionárias; o teor de sua crítica aos Estados Unidos, o poder hegemônico, permaneceu muito mais agressivo do que sua crítica à Revolução Cubana e sua representação do autoritarismo marxista-leninista. As tensões entre comprometimentos incompatíveis persistiram e foram empurradas mais fundo pelos cristãos nas Américas pelo que restava do século XX.

4. Anarquismo indigesto?

Dorothy Day é notória por ter rejeitado a ideia de ser declarada santa algum dia, porque não queria que as pessoas a descartassem tão facilmente. Proclamar alguém um santo, além de tudo, frequentemente significa rotular alguém como qualitativamente diferente da massa de seres humanos — tão piedoso, tão dedicado, tão forte em sua fé para ser igual a qualquer um de nós. Não é à toa que alguém assim consegue fazer grandes coisas por Deus, é o pensamento; o resto de nós tem de se contentar com menos, porque estamos em um nível mais baixo de existência espiritual. Como ela disse uma vez, "quando chamam você de santa, significa basicamente que você não deve ser levada a sério".[19]

A faxina da vida e do testemunho de Dorothy Day já está acontecendo — começou com o trabalho de John O'Connor, cardeal arcebispo de Nova York, que foi quem primeiro apresentou a causa de sua canonização em 2000.

Em sua carta de 7 de fevereiro de 2000 à Santa Sé apresentando a causa de canonização, O'Connor habilmente passou por cima da vida longa e controversa de Dorothy ao construir sua imagem que ele recomendou à Igreja universal. Essa era a Dorothy que tinha feito um aborto e se arrependia disso, a Dorothy que era teologicamente ortodoxa e imersa nos sacramentos e na vida dos santos. Quando se tratou de lidar com sua política, O'Connor restringiu sua vida pré-conversão em meio aos socialistas, anarquistas e comunistas; depois de sua conversão, de acordo com O'Connor, "ela não era membro de nenhum desses grupos nem aprovava suas táticas ou sua negação da propriedade privada".

Sua reconstrução política de Dorothy, a anarquista, opositora do imperialismo norte-americano em todas as suas formas, torna-se algo completamente diferente:

> Sim, deve ser dito, ela com frequência tinha opiniões em comum com [comunistas, socialistas e anarquistas]. O que tinham em comum era um respeito pelos pobres e um desejo de igualdade econômica. Em nenhum sentido ela aprovava qualquer forma de ateísmo, agnosticismo, ou indiferença religiosa. Além disso, seu completo comprometimento com o pacifismo em imitação a Cristo frequentemente a separava dessas ideologias políticas. Ele rejeitava toda força militar; ela rejeitava auxílio à força de qualquer tipo da maneira mais idealista. Suas "políticas" eram tão baseadas na ideologia da não violência que se pode dizer que eram apolíticas.[20]

Esse dificilmente é um retrato de Dorothy que ela mesma teria reconhecido, e nem teria repercutido bem entre seus contemporâneos, defensores e críticos. Mas faz sentido vindo de O'Connor, para quem Day era uma figura a ser domesticada e neutralizada.

Como lembrou o jornalista Colman McCarthy, o Cardeal O'Connor

> [...] foi capelão da Marinha por 27 anos, servindo o *establishment* militar tão obedientemente que se aposentou em 1979 com o posto de contra-almirante. Ele trabalhou em submarinos, destróieres e cruzadores, incluindo um *tour* no Vietnam no meio dos anos 1960, quando a máquina de matar norte-americana estava a todo vapor... Depois de o massacre terminar, O'Connor foi apontado chefe dos capelães da Marinha, servindo de 1975 a 1979.[21]

O'Connor mais tarde chefiou o vicariato militar para os bispos católicos dos Estados Unidos. Também tentou minar as declarações dos bispos que criticavam as armas nucleares e o capitalismo nos anos 1980, e proveu apoio ideológico para as políticas da administração Reagan para a América Central.[22]

A direita política e eclesial continua a limpar o anarquismo do retrato de Dorothy Day, mais recentemente após a Conferência dos Bispos Católicos dos Estados Unidos ter endossado sua causa de canonização em novembro de 2012. Muitos na hierarquia tentaram alistar Dorothy como aliada contra as políticas da administração Obama em relação aos contraceptivos e ao serviço de saúde; como disse o Cardeal Francis George de Chicago, "nesse momento em que trabalhamos para tentar mostrar como estamos perdendo nossas liberdades em nome dos direitos individuais, Dorothy Day é uma boa mulher para termos ao nosso lado".[23]

De maneira similar, a insistência de Dorothy de que o cuidado para com os pobres é uma obrigação de todos os cristãos, e não somente algo a ser deixado às burocracias impessoais do Estado de bem-estar social, foi usada por grupos que buscavam desmantelar o que resta de políticas governamentais para ajudar os pobres nos Estados Unidos e em outros lugares.[24] Sua crítica ao New Deal e a outros programas, e sua insistência na centralidade dos trabalhos de misericórdia executados diretamente pelos cristãos — a um sacrifício pessoal, de maneiras que tratavam os pobres como o próprio Cristo — fez seu legado ser atraente para conservadores buscando cobertura ideológica de alguém venerado tanto por liberais quanto pela esquerda.

Restrições de tempo proíbem uma discussão extensa desse ponto, mas uma coisa parece clara: apesar de seu comprometimento com o serviço pessoal e com a vida com os pobres, Dorothy não tinha interesse em um desmanche libertário de programas estatais que auxiliavam os pobres. Apesar de sua experiência com burocracias insensíveis e programas estatais avarentos tê-la convencido de que a ajuda estatal seria sempre inferior ao serviço pessoa a pessoa feito com amor cristão, ela não era seguidora dos atuais neoliberais opositores de toda a ajuda governamental aos pobres. Como os comunistas, ela via a introdução de políticas de bem-estar social nos anos 1930 como uma tentativa de salvar o capitalismo ao diminuir um pouco do descontentamento causado pela Grande Depressão em todo lugar.

No final de 1940, Dorothy refletiu sobre a questão da ajuda do Estado para os pobres, observando que enquanto o trabalhador Católica nunca tinha aceitado dinheiro do governo, poderia ser apropriada para o governo para fornecer ajuda direta aos indigentes: "Como o Santo Padre já disse, em tempos de crise é necessário que o Estado ajude e dê alívio aos pobres, auxilie as vítimas da fome, das enchentes, pestes ou desastres etc."[25]

A natureza do capitalismo moderno e sua execução estatal é fazer da vida cotidiana um estado de emergência — pessoas empurradas para fora de suas terras, impedidas de se sustentar, as instabilidades do salário e trabalho nas fábricas, fazendo com que seja impossível para milhões alimentar suas famílias, as condições degradantes da pobreza destruindo famílias e dignidade diariamente. Dorothy era irrestrita em sua crítica dos programas governamentais de auxílio aos pobres, mas ela não defendia sua imediata abolição apenas por princípio e pureza de visão. Tal abordagem é típica dos defensores do capitalismo sem limites que agora procuram alistá-la em sua causa.

A esquerda teve seus próprios problemas com Dorothy, ironicamente muitos dos quais também se focam em sua disposição anarquista. Não foi por nada que Marx devotou tanto de seu tempo na década de 1860 tentando destruir as correntes anarquistas dentro da classe trabalhadora; a crítica de Bakunin da natureza ditatorial do socialismo de Estado — o que significa tomar o Estado e o que significa exercer o poder do Estado — era destruidora na época e ainda é válida hoje. Como ele escreveu sobre a ideia de Marx da revolução proletária?

> Você sabe o que isso significa? Nada mais nada menos do que uma nova aristocracia, dos trabalhadores urbanos e industriais, para a exclusão dos milhões que formam o proletariado rural, e que... efetivamente se tornarão súditos desse assim chamado Estado popular. *Classe, poder e Estado*, esses três termos são inseparáveis, cada um necessariamente implicando os outros dois, e resumidos nessas palavras: *a subjugação política e exploração econômica das massas*.[26]

Em círculos cristãos, o anarquismo de Dorothy — vindo como o faz de uma visão pacifista de Jesus e do discipulado cristão — está constrangidamente próximo de movimentos mais "progressistas" de mudança social, em suas expressões tanto reformistas quanto revolucionárias. Dorothy Day questiona o que é evidente para os cristãos progressistas: que para avançar a justiça na Terra os cristãos têm de buscar poder político e influência com tudo o que isso requer. Quando os poderes estabelecidos são tão opressivos a ponto de estarem além de uma reforma, os cristãos devem pegar em armas contra tais regimes, perseguindo uma revolução justa.

Esse não é um debate novo, e espera-se que os processos de construção de imagem entre os amigos de Dorothy Day na esquerda não vão fazê-lo sumir. Pode-se pensar, por exemplo, no debate sério, mas respeitoso por via das cartas entre Ernesto Cardenal, o padre fundador da comunidade Solentiname na Nicarágua, e seu amigo jesuíta, o ativista antiguerra norte-americano Daniel Berrigan. No curso da revolução nicaraguense, Cardenal abandonou sua visão pacifista e se juntou aos sandinistas armados que lutavam contra o regime Somoza. Berrigan, por sua vez, havia sido preso incontáveis vezes por protestar contra a Guerra do Vietnã, tendo servido uma sentença de vários anos por queimar registros de alistamento; serviria mais anos na prisão por danificar bombas nucleares e derramar sangue nelas durante o movimento "Plowshares" para o desarmamento nuclear nos anos 1980.

Enquanto Dorothy Day permaneceu ambivalente sobre o uso de violência contra a propriedade — a forma de protesto não violento de Berrigan no final dos anos 1960 —, ela ainda assim o reconhecia como alguém que continuava seu próprio trabalho pela paz e contra a legitimação católica do ato de matar. Cardenal mais tarde seria direto em sua defesa do conflito armado: ele e os sandinistas não pegaram em armas

> [...] por qualquer princípio — não importa quão elevado — senão para evitar o derramamento do sangue daquelas crianças que foram assassinadas por essa ditadura e aqueles adolescentes, homens, mulheres e velhos que dia após dia foram assassinados.
> Essas armas não eram para matar, mas sim para trazer vida.

Ele acrescentou que:

> Não se pode comparar as armas de gente comum na Nicarágua, com suas pistolas calibre 22, facões, paus e pedras, com as armas pesadas da Guarda Nacional de Somoza, fornecidas pelos Estados Unidos e por Israel. E não se pode comparar o sangue que a Frente Sandinista tinha para derramar, que era o sangue dos soldados da Guarda Nacional, que os sandinistas haviam matado em combate, com os inúmeros assassinatos cometidos pela Guarda Nacional...
> Essa guerra foi feita para acabar com a violência. A Frente Sandinista tem sido muito generosa em sua vitória e não está matando aqueles criminosos que realmente merecem a morte...
> A Igreja está muito envolvida nessa revolução, compreendendo-se a Igreja como não apenas os bispos da Nicarágua, mas todo o povo de Deus da Nicarágua.
> Não se pode fazer a separação entre Igreja e revolução no caso da Nicarágua. A Igreja é o povo de Deus, que fez essa revolução. Ela produziu mudanças nas pessoas: fez as pessoas ficarem generosas, fraternais. Foi para isso que fizemos a revolução. Aqueles que pegaram em armas o

fizeram por compaixão. Eles o fizeram por seu próprio interesse. Eles o fizeram por benefício alheio. E aqueles que morreram seguiram os preceitos de Cristo ao dar suas vidas pela dos outros.[27]

Ironicamente, a contribuição de Berrigan à discussão precedia as declarações de Cardenal listadas anteriormente. O jesuíta ofereceu o seguinte pensamento:

> Uma publicação religiosa daqui publicou suas palavras [sobre pegar em armas] com o seguinte título: "Quando se pega em armas por amor ao reino de Deus". Que sublime, pensei, que irônico. Nós tivemos "guerras justas" da direita, uma longa história de sangue, o sangue dos colonos, nativos, escravos, trabalhadores e camponeses. Mas isso tudo já acabou. Agora estamos iluminados. Teremos "guerras justas" da esquerda!
> Então os jovens de Solentiname resolveram pegar em armas. Eles o fizeram por uma razão: "por seu amor pelo reino de Deus". Agora, aqui certamente há uma tradição! Em cada cruzada que já marchou pela cristandade, o assassinato — o mais secular dos empreendimentos, o mais mundano, aquele que nos alista e recompensa juntamente com os outros alistados de César —, esse empreendimento é invariavelmente batizado pela ideologia religiosa do reino de Deus.
> Sangue e ferro, bombas nucleares e rifles. Os esquerdistas matam os direitistas, os direitistas matam os esquerdistas; ambos, tendo tempo e ocasião, matam as crianças, os idosos, os doentes, os suspeitos. Sempre, entende, inadvertidamente, pesarosamente. Ambos os lados, além disso, têm excelentes intenções, e chamam Deus para ser sua testemunha...

Mais adiante, acrescenta:

> Tu não matarás. Amai ao próximo como te amei. Se teu inimigo te golpear no rosto, ofereça-lhe a outra face. Praticamente todos no mundo, cidadãos e crentes, reservam essas palavras às imagens nas paredes das igrejas, ou aos bordados nas salas.
> Estamos mesmo presos, os cristãos estão presos com esse Cristo impossível, indócil, perdedor incorrigível. Os revolucionários devem corrigi-lo, deixá-lo direito. Essa forma absurda, tremendo sob os ventos do poder, deve ser feita aceitável, relevante. Então pinta-se uma arma em suas mãos nuas. Agora ele é humano! Agora é como nós.[28]

Berrigan, como Dorothy, recusava-se a ceder ao Estado o poder de trazer o Reino de Deus. Como Dorothy, ele se recusava a aparar Jesus ou o

Evangelho para fazê-lo mais realista e efetivo ao confrontar morte com mais morte, mesmo daquele tipo mais puro de intenções e mais limitado no número de vítimas. Como Dorothy, ele reconhecia e afirmava o senso de ultraje e amor que faria outros cristãos deixarem de lado o Evangelho de paz em favor dos mais práticos instrumentos de guerra; mas também como Dorothy, acreditava que os cristãos não falhariam em confrontar um ao outro em amor sobre essas questões de meios e fins, de amor e sofrimento, e da natureza última do plano de Deus para a criação.

O anarquismo de Dorothy Day continua a desafiar e inspirar; enraizado como está no chamado pessoal ao amor e na renúncia inflexível da espada exemplificada por Jesus, não é uma parte incidental ou contingente de seu testemunho. Que ele permaneça como parte de sua história, independentemente de quem vá contar essa história.

Notas

1 Craig Hovey. *To share in the body*: a theology of Martyrdom for today's Church. Grand Rapids: Eerdmans Publishing. p. 51.

2 Dorothy Day. About Cuba. *The Catholic Worker*, jul./ago. 1961.

3 We go on record: CW refuses tax exemption. *The Catholic Worker*, maio 1972.

4 We are un-American: we are catholics. *The Catholic Worker*, abr. 1948.

5 Ver, por exemplo, Dorothy Day. Peter the materialist. *The Catholic Worker*, set. 1945.

6 E. H. Carr. *Michael Bakunin*. Nova York: Vintage Books, 1961. p. 356 apud Robert M. Cutler (Ed.). *Mikhail Bakunin*: from out of the Dustbin. Ann Arbor: Ardis Books, 1985. p. 26.

7 Cutler. Introduction. Op cit., p. 19.

8 Dorothy Day. Reflections on work. *The Catholic Worker*, dez. 1946.

9 Dorothy Day. On pilgrimage. *The Catholic Worker*, out. 1970.

10 Ibidem.

11 Dorothy Day. About Cuba. Op. cit.

12 Dorothy Day. On pilgrimage in Cuba: part II. *The Catholic Worker*, out. 1962.

13 Dorothy Day. On pilgrimage in Cuba: part III. *The Catholic Worker*, nov. 1962.

14 Ibidem.

15 Ibidem.

16 Ibidem.

17 Dorothy Day. Pilgrimage to Cuba: part I. *The Catholic Worker*, set. 1962.

18 Dorothy Day. More about Cuba. *The Catholic Worker*, fev. 1963.

19 Reportado por Robert Ellsberg. In: James Martin, S. J. Don't call me a saint?. *America*, 14 nov. 2012.

20 John Cardinal O'Connor. Dorothy Day's sainthood cause begins. 6 mar. 2000. Disponível em: <http://www.catholicworker.org/dorothyday/canonizationtext.cfm?Number=82>.

21 Colman McCarthy. Cardinal an unlikely champion of 'St. Dorothy. *National Catholic Reporter*, p. 2-3, 12 maio 1997.

22 Ibidem.

23 Apud David Gibson. Saint Dorothy Day? Controversial, yes, but bishops push for canonization. *Religion News Service*, 14 nov. 2012.

24 Ver, por exemplo, Bill Kauffman. Flashback. *The American Enterprise*, nov./dez. 1995; Ellen Finnegan. Was Dorothy Day a libertarian?. 2009. Disponível em: <http://archive.lewrockwell.com/orig9/finnigan3.html>.

25 Dorothy Day. On pilgrimage. *The Catholic Worker*, fev. 1948.

26 On Marx and Marxism. In: Arthur Lehning (Ed.). *Michael Bakunin*: selected writings. Nova York: Grove City, 1973. p. 253-254.

27 40th anniversary: Berrigan debates. *National Catholic Reporter*, p. 34A, 22 out. 2004.

28 Ibidem, p. 31A-32A.

Radicalismo inaciano: as raízes do retiro do Movimento Operário Católico na espiritualidade jesuíta

Benjamin Peters

Na edição de dezembro de 1951 do *The Catholic Worker*, Dorothy Day (1897-1980) incluiu o obituário do jesuíta franco-canadense Onesimus Lacouture (1881-1951), que foi o criador do retiro que Day havia abraçado entusiasticamente uma década antes e que ela mais tarde colocaria em sua autobiografia, *The long loneliness*. Notando que Lacouture havia sido um de 21 filhos — seu pai havia se casado duas vezes —, Day escreveu:

> Não parece o início da vida de um santo? Peter Maurin era um de 23 filhos. Esses dois homens, que tiveram a maior influência na minha vida (e de certa forma na vida do *Catholic Worker*), eram ambos camponeses franceses, da França e do Canadá francês. Ambos conheciam a vida da terra e a vida da cidade. Ambos eram homens dos pobres.[1]

Para Day, a teologia do retiro teve um efeito profundo e, junto com Peter Maurin — cofundador do Movimento Operário Católico — ela via Lacouture como tendo tido "a maior influência" em sua vida e na do início do Movimento Operário Católico. "Eu estou completamente convencida sobre esse negócio do retiro", ela proclamou em 1941; "Acho que vai curar todas as doenças, resolver todos os problemas, fechar todas as feridas, nos fortalecer, nos iluminar, e em outras palavras, nos fazer felizes." E, realmente, Day mais tarde creditaria o retiro — que ela descreveu como "pão para os fortes" — como tendo levado a uma "segunda conversão" em sua vida.[2]

Mas, apesar de tamanhos elogios de Day, a teologia utilizada no retiro de Lacouture é frequentemente retratada por estudiosos contemporâneos em termos muito mais negativos. Por exemplo, o historiador jesuíta J. Leon Hooper, S.J., sugeriu que o retiro era "repleto de suspeita jansenista do corpo" e que "sua completa rejeição do natural" poderia somente ser compreendida como "um flerte com o jansenismo do qual Lacouture foi (corretamente) acusado".[3] Para não ficar para trás, James Fisher, da Fordham, descreveu a teologia do retiro como estando "imbuída do catolicismo melancólico, amargamente místico, que ligava o jansenismo de Port Royal ao duro esforço de sobrevivência do catolicismo no Canadá".[4] Fisher descrevia o "jansenismo étnico" de Lacouture como tendo se misturado poderosamente ao "jansenismo estético" de Day para formar o que Fisher considerava "uma das formas mais abjetas de autoabnegação da história religiosa norte-americana".

Tais caracterizações da teologia que tão profundamente moldou Dorothy Day não são insignificantes. De fato, considero que descrições como as feitas por Hooper e Fisher contribuíram grandemente para a maneira com que Day e outros associados ao Movimento Operário Católico foram retratados e descartados como grupo sectário e fora de sintonia com a teologia católica tradicional. Na verdade, a descrição de Fisher sobre a teologia de Lacouture contribuiu de forma significativa para moldar o argumento de Eugene McCarraher de que, por causa de sua rejeição das aspirações materialistas de classe média de seus companheiros católicos norte-americanos do meio do século, Day e outros católicos radicais foram em última instância "irrelevantes".[5]

Mas, enquanto descrições do retiro como jansenista parecem prevalecer entre os estudiosos católicos norte-americanos — influenciando a maneira pela qual Day foi marginalizada —, certamente não é a única maneira pela qual a visão teológica de Lacouture pode ser ou foi interpretada. Na verdade, uma descrição bastante diferente do retiro de Lacouture foi oferecida pelo padre John J. Hugo (1911-1985) há duas gerações. Hugo, um padre de Pittsburgh, foi o mentor espiritual de Dorothy Day por boa parte dos anos 1940 e 1950 e talvez o maior divulgador do retiro em língua inglesa. E através dos anos 1940 — em um período em que foi impedido de pregar sobre o retiro por seu bispo — Hugo escreveu diversos trabalhos defendendo a teologia do retiro em resposta a críticas feitas por alguns dos mais proeminentes teólogos católicos americanos da época. Esses críticos acusavam o retiro de promover um "sobrenaturalismo exagerado" com tendências jansenistas — acusações nada diferentes daquelas feitas mais recentemente por Fisher e Hooper. Foi central para a defesa de Hugo o argumento de que Onesimus Lacouture, S.J., não foi um jansenista negador do mundo, mas um "discípulo verdadeiro" de Santo Inácio de Loyola, e que o retiro tinha suas raízes nos *Exercícios espirituais* inacianos e na espiritualidade jesuíta.

A interpretação de Hugo sobre o retiro é importante por algumas razões, entre elas o fato de que ela desafia diretamente os retratos contemporâneos do retiro e a marginalização de Day que esses retratos estimulam. Ao apontar as raízes inacianas da perspectiva teológica de Lacouture — e, portanto, situar o retiro dentro da tradição cristã —, Hugo ofereceu uma justificativa para o argumento de Day sobre o que a vida cristã requeria. E, realmente, a interpretação de Hugo sobre o retiro faz com que seja muito mais difícil descartar Day como irrelevante.

Para explorar tudo isso, dividi meu trabalho em três partes. Primeiro, oferecerei alguns exemplos das maneiras com que Day e outros associados ao Movimento Operário Católico foram marginalizados por estudiosos, tanto hoje quanto na época da Segunda Guerra Mundial. Em seguida, examinarei o contra-argumento de Hugo de que o retiro não era jansenista, mas tinha profundas raízes na espiritualidade inaciana. E finalmente, na parte três, examinarei algumas das possíveis implicações oferecidas pela conexão entre Dorothy Day e a espiritualidade jesuíta — por exemplo, entre Day e os teólogos jesuítas latino-americanos.

I

Apesar de toda a sua reconhecida importância e significado dentro do catolicismo americano, Day e o Movimento Operário Católico são frequentemente marginalizados nos estudos católicos americanos, mesmo por aqueles que os reconhecem. Por exemplo, o historiador David O'Brien elogiou Day e seus companheiros do Movimento Operário Católico por seu trabalho com os pobres e por sua oposição à corrida armamentista, mas ao mesmo tempo concluiu que eles personificavam certo "perfeccionismo" segundo o qual desvalorizavam a cidadania e reduziam o significado moral da política e da sociedade como um todo.[6] Como resultado, careciam de um senso de "cidadania responsável" e se tornaram "marginalizados" nos debates políticos públicos, levando O'Brien a concluir que Day e o Movimento Operário Católico tendiam, em última instância, a um "sectarismo apocalíptico". De maneira similar, George Weigel argumentou que a perspectiva teológica de Day se baseava em uma "visão radicalmente escatológica da história", carregada de "nuanças apocalípticas", e ignorava as "demandas do mundo".[7] Da mesma forma, Charles Curran retratou Day e o Movimento Operário Católico como tendo esposado um "tipo radical de ética social" emergente de um "radicalismo evangélico" baseado em uma teologia que via apenas "incompatibilidade radical" entre natureza e graça e, portanto, entre a cultura e a sociedade americanas, de um lado, e a inteireza escatológica cristã, de outro.[8] E, mais recentemente, Richard Gaillardetz argumentou que teólogos católicos contemporâneos associados a Day e a outras "fontes de radicalismo católico" — como Mike Baxter, Bill Cavanaugh e Michael Budde — são parte de uma forma mais "radical" de encorajamento social fora da tendência católica em voga, e Kristen escreveu que tais teólogos representam um "tipo de seita profética" e abraçam uma ética social "rigorista" que informa sua defesa da não participação nas instituições políticas e sociais norte-americanas — como se recusar a participar da guerra, votar, pagar impostos ou se engajar em debates públicos políticos — o que leva Heyer a rotular esses teólogos como "perfeccionistas".[9]

É importante notar aqui que essa crítica é largamente baseada em uma percepção da teologia instruindo Day e os teólogos — uma teologia que vê apenas "incompatibilidade radical" entre a natureza e a graça e, portanto, entre a Igreja e o mundo. Para críticos como O'Brien, Weigel, Curran, Gaillardetz e Heyer, a razão pela qual Day e outros não participavam em certas instituições políticas, sociais e econômicas americanas é que eles rejeitaram a sociedade e a cultura americanas como pecaminosas — uma rejeição que, por sua vez, levou à sua supostamente irresponsável cidadania, ao sectarismo e, em última instância, à sua irrelevância. E essa rejeição é retratada como tendo se originado de uma teologia que desvaloriza, denigre e rejeita a natureza humana como pecadora por uma preocupação excessiva com o sobrenatural ou o escatológico. Apesar de o retiro não ser mencionado por esses críticos, eu argumentaria que descrições dele como jansenista e negador do mundo — como aquelas feitas por Hooper e Fisher — pelo menos compartilham de algumas de suas suposições teológicas, se não as apoiarem.

O interessante sobre algumas dessas descrições mais recentes de Day é que elas foram grandemente prognosticadas por interpretações similares feitas nos anos próximos à Segunda Guerra Mundial. De fato, muitas dessas críticas contemporâneas parecem se basear em grande parte no argumento de "humanismo escatológico" oferecido por John Courtney Murray, S.J. (1904-1967), nos anos 1950. Murray via a tentação para os católicos de "recuar espiritualmente" de instituições americanas como se emergindo de uma visão teológica da natureza humana e da história — e, portanto, da sociedade e cultura americanas —, largamente corrompidas.[10] E sugeriu que tal visão tendia em direção a um "humanismo escatológico" que enfatizava um fim sobrenatural "radicalmente descontínuo" em relação à natureza humana. E foi essa ênfase que levou a um "desprezo pelo mundo" e a uma visão de que as instituições e os ideais norte-americanos eram males necessários, na melhor das hipóteses, tão irrelevantes quanto a tecedura de cestas dos Padres do Deserto. O que faz disso ainda mais relevante para nossa discussão aqui é que Murray escrevia isso tudo em resposta a debates sobre a cooperação interdoutrinal que ele tinha tido com o padre Paul Hanly Furfey (1896-1992) — um sociólogo e teólogo muito próximo de Day e do Movimento Operário Católico.[11]

É claro que Murray não foi o primeiro a oferecer tal descrição. Em 1943, Joseph Connor, um teólogo jesuíta de Weston, rotulou os teólogos católicos associados ao jornal *The Catholic Worker* como "perfeccionistas" por seu apoio aos católicos norte-americanos que faziam objeções de consciência à Segunda Guerra Mundial.[12] Tal posição — que segundo Connor ignorava dever e obrigação para com a família e a nação — sugeria "um ar de hilariante indiferença e afastamento" e implicava um desejo de "dissociar" a Igreja da sociedade e cultura americanas. Connor associava esse afastamento a um "purismo albigense e teocracia calvinista", que, segundo ele, eram tão estranhos ao dogma católico quanto o secularismo comunista.

Como os estudiosos de hoje, Murray e Connor retrataram esses católicos como tendo abraçado uma teologia excessivamente escatológica e perfeccionista, e, portanto, os marginalizaram dentro do discurso teológico católico. Apesar de Murray e Connor não mencionarem o retiro de Lacouture como fonte dessa teologia, outros teólogos proeminentes da época o fizeram. Na verdade, quase que imediatamente depois da Segunda Guerra, uma série de artigos criticando o retiro apareceu em grandes publicações teológicas, como a *American Ecclesiastical Review*, escrita por teólogos como Francis Connell, C.Ss.R. (1888-1967), e Joseph Clifford Fenton (1906-1969) — ambos membros da faculdade de teologia da Universidade Católica da América e extremamente influentes em círculos católicos americanos. Esses teólogos retrataram o retiro como tendo promovido um "sobrenaturalismo exagerado", que focava demais o fim sobrenatural da humanidade, e alegavam que tal ênfase exagerada no sobrenatural levava a uma denigração ou subvalorização da natureza humana e de suas habilidades.[13] Para Fenton e Connell, tal "sobrenaturalismo exagerado" era evidente na orientação do retiro para se renunciar a apegos por coisas como cigarros e álcool e os "motivos naturais" que tais apegos inspiravam — uma renúncia que eles comparavam às "velhas heresias" de Lutero, de Baius e dos jansenistas.[14]

Como Hooper e Fisher décadas depois, Connor e Fenton retratavam o retiro como promovendo uma teologia que enfatizava demais o sobrenatural, enquanto diminuía a bondade e a habilidade de natureza humana, assim como a sociedade e a cultura norte-americanas. E é esse tipo de teologia que os críticos — tanto na época quanto hoje — parecem presumir que está no centro da crença de Day de que certos aspectos da sociedade norte-americana — como participar da guerra ou pagar impostos — precisavam ser rejeitados para se viver inteiramente uma vida cristã. Para todos esses críticos, a presunção é que só o que é pecaminoso — ou "radicalmente incompatível" com a graça — deve ser renunciado, e, portanto, eles veem a não participação política e social de Day como tendo se originado de seu desejo de não tomar parte no pecado — por que mais ela não quereria participar? A ideia de que a vida cristã chama a pessoa a desistir ou a renunciar a algo além daquilo que é pecaminoso — uma ideia que está no coração do retiro — parece ser quase completamente ignorada pelos críticos de hoje, assim como foi ignorada pelos críticos de duas gerações atrás.

II

Foi em resposta a esse tipo de crítica que Hugo escreveu dois livros sobre o retiro — *A sign of contradiction*, em 1947, e *Nature and the supernatural: a defense of the evangelic ideal*, em 1949 —, em que tentava situar a teologia do retiro dentro de uma tradição cristã maior e, em particular, dentro da história da espiritualidade jesuíta.[15] De acordo com esses relatos, Lacouture liderou seu primeiro retiro no noviciado jesuíta fora de Montreal em 1931 depois de vários anos em uma missão jesuíta. Ele explicou que Lacouture havia condensado os *Exercícios espirituais* inacianos de 30 dias em uma série de três retiros, cada um com duração de uma semana. A "primeira série" do retiro se concentrava na primeira semana dos *Exercícios*; a segunda e terceira semanas dos *Exercícios* perfaziam a "segunda série" do retiro; e a quarta semana dos *Exercícios* formava a base da "terceira série" do retiro. Por vários motivos, a "primeira série" do retiro — com foco na purificação e na reorientação do coração e do espírito — era a recomendada na maioria das vezes e era aquela a que Day, Hugo e seus críticos referiam-se apenas como "o retiro" — tanto na época quanto agora.

O retiro de "primeira série" focava a noção de que a vida cristã envolvia muito mais do que simplesmente evitar aquilo que fosse pecado ou violação da lei natural — uma noção a que se refere como "loucura da Cruz". Mais do que tal "minimalismo cristão", o retiro desenvolvia a crença de que todos os cristãos são chamados a viver uma "vida sobrenatural" de santidade — uma vida orientada para o destino sobrenatural para o qual todos são chamados. "O homem não foi meramente criado e deixado dentro da ordem da natureza," explicou Hugo. "Ele foi recriado e elevado à ordem de graça... *ele não retém seu fim puramente humano ou puramente natural: este foi substituído por um fim sobrenatural.*" Uma vida cristã de santidade era viver as "implicações práticas" desse fim sobrenatural — implicações que eram vistas como sendo descritas na admoestação do Evangelho: "A menos que um grão de trigo caia no chão e morra, permanece apenas como um grão; mas, se morrer, produz muitos frutos" (Jo 12:24) — em que Jesus foi visto chamando seus seguidores a "morrer" para si mesmos e suas ligações com as coisas do mundo se quisessem atingir satisfação verdadeira. Pois, apesar de essas ligações não serem necessariamente pecaminosas, eventualmente se tornam os "motivos naturais" para ações que consistem no que o retiro se referia como meramente a "vida natural". E, apesar de tal vida não poder ser considerada pecaminosa por si só, também não era vista como um caminho para a santidade — a "vida sobrenatural" de um santo. E, portanto, ligações com bens criados — mesmo para si mesmo — precisavam ser ou aperfeiçoadas, ou abandonadas. E o retiro é apresentado como uma ferramenta — como os *Exercícios espirituais* — para esse contínuo discernimento.

Tudo isso é descrito lindamente na autobiografia de Day, *The long loneliness*, na qual a história de sua conversão é contada não como uma escolha entre pecado e uma boa vida, mas como deixar para trás ou renunciar à sua "felicidade natural" — que era personificada em seus "dois grandes amores": seus amigos na Velha Esquerda e Forster Batterham — a fim de perseguir uma vida que ela considerava muito melhor, a vida de uma santa. E pelo resto de sua vida — como evidenciado em suas cartas e diários recém-publicados — Day continuou a se referir a esse tipo de renúncia nos termos do retiro de "semear" suas ligações ou tê-las "podadas" por Deus.

Em sua defesa do retiro, Hugo se voltou profundamente para fontes dentro da tradição cristã — em primeiro lugar, os *Exercícios espirituais* inacianos. Em particular, apontou para o "Princípio e Fundamento" no início dos *Exercícios* inacianos e argumentou que Lacouture considerava este o cerne teológico dos *Exercícios* e, portanto, de seu retiro. Porque nessas linhas de abertura, Lacouture considerava que Inácio havia descrito de maneira concisa a essência da vida cristã. Por exemplo, quando afirmou: "Os seres humanos são criados para louvar, reverenciar e servir a Deus nosso Senhor, e por meio disso salvar suas almas", Lacouture leu uma antropologia teológica em particular: o destino último da natureza humana — "salvar suas almas" — é sobrenatural, assim como o modo como esse destino final é alcançado — "louvar, reverenciar e servir a Deus".[16] Tudo isso significa que Inácio considerava o sobrenatural como fonte central e primária — o "primeiro determinante" — na vida de um cristão. Em outras palavras, o sobrenatural tem implicações práticas para um cristão — de transformação e aperfeiçoamento.

E, de fato, a obra de Inácio foi lida como tendo descrito essas implicações no "Princípio e Fundamento" quando escreveu:

> As outras coisas na face da Terra são criadas para os seres humanos, para ajudá-los em trabalhar pelo fim para o qual foram criados.
> Disso se segue que eu devo usar essas coisas até onde elas me ajudarem a chegar ao meu fim, e me livrar delas na medida em que atrasam.
> Para fazer isso, preciso fazer-me indiferente a todas as coisas criadas, em relação a tudo o que é deixado a cargo de minha liberdade de escolha e que não é proibido. Consequentemente, de minha parte não devo procurar saúde em vez de doença, riqueza em vez de pobreza, honra em vez de desonra, uma vida longa em vez de uma curta, e assim por diante em tudo que importa.
> Devo desejar e eleger apenas aquilo que mais conduz ao fim para o qual fui criado.

Lacouture interpretava isso como dizer que a vida cristã requeria muito mais do que simplesmente evitar aquilo que é pecado; de fato, poderia — mesmo deveria — requerer desistir de coisas como boa saúde, riqueza, honra ou uma vida longa, porque, com o tempo, desejos por essas coisas se tornavam impedimentos para a santidade. E assim, para Inácio, o pecado não é a razão primária para o afastamento e a renúncia cristã, mas um desejo de união com Deus. E, portanto, Lacouture via os *Exercícios* como uma ferramenta para ajudar os participantes do retiro a discernir o que podia ser aperfeiçoado na vida de alguém e o que deveria ser abandonado, considerando-se a visão beatífica. Em outras palavras, Inácio estava oferecendo meios de viver as implicações práticas do sobrenatural.

No contexto da teologia católica dos anos 1940, Hugo via Inácio como oferecendo uma alternativa à abordagem mais dupla da natureza e graça que prevalecia na época, com sua noção do sobrenatural construindo um tipo de superestrutura em cima de uma natureza largamente fechada. Essa perspectiva teológica — que de acordo com Hugo influenciou muito a leitura dos críticos sobre o retiro — resultou em uma "teologia separada" do início do século XX. Em contraste, Inácio apresentou a natureza como essencialmente boa e, portanto, distinta daquilo que é pecado, enquanto ao mesmo tempo a reconhecia como inerentemente insuficiente e, portanto, distinta do sobrenatural. Mas, apesar de o sobrenatural ser distinto da natureza, Inácio não o via como "separado", mas como o dinamismo interior e a satisfação de uma natureza humana inerentemente insuficiente. E eu argumentaria que, de maneira similar, o relato de Inácio fornece uma correção à noção "sacramental" de natureza e graça que domina muito do discurso teológico católico de hoje — com a natureza compreendida como sempre já agraciada e, portanto, simplesmente necessitando ser "tematizada".

  Mas essa ênfase no sobrenatural e suas implicações — e a descrição alternativa sobre a natureza e a graça que implicava — significava que Lacouture e sua leitura de Inácio estavam em desacordo com muitos de seus companheiros jesuítas. De fato, Lacouture foi eventualmente proibido de liderar retiros em 1939. E um censor jesuíta em Roma até mesmo revisou algumas das notas de Lacouture sobre o retiro e concluiu que sua teologia continha muitas "faltas graves" em relação à natureza e à graça, e que o retiro ridicularizava os "merecidamente comprovados comentários aos *Exercícios espirituais*". Mas Hugo sustentava que esses comentários "merecidamente comprovados" geralmente interpretavam os *Exercícios* como se promovessem um padrão de conduta que era "natural" — essencialmente evitar o pecado ao seguir a lei natural.

O problema, segundo Hugo, não era que a existência do sobrenatural fosse negada, mas que a transformação e a perfeição que ele traz fossem ignoradas — a graça era mencionada, mas não seu "caráter especificamente sobrenatural". E, então, sobre tais comentários, Hugo alegava que "podemos facilmente inferir que a única função da graça é ajudar a natureza a manter os mandamentos da lei natural; *gratia elevans*, a graça que eleva o homem acima da natureza não é mencionada e é de fato formalmente excluída". Mas a graça — e especificamente essa *gratia elevans* — é central para a noção inaciana sobre a vida cristã. E a coisa mais maravilhosa sobre essa vida, proclamou Hugo, é que ela é "criada na ordem da natureza", mas é *"recriada* na ordem da graça". E foram as implicações dessa recriação pela graça — de a graça aperfeiçoar a natureza — que Lacouture e Hugo leram nos *Exercícios* como perspicazes. Eles reconheciam o que o finado cardeal Avery Dulles, S.J., havia chamado de "misticismo prático" de Santo Inácio — uma espiritualidade sensível ao "interior levando ao Espírito Santo" e ao mesmo tempo dedicada "sem desvios ao serviço da Igreja militante". Uma síntese da natureza e do sobrenatural e do ativo e contemplativo.[17]

O fato de muitos dos contemporâneos de Lacouture terem perdido de vista esse misticismo prático inaciano não é surpreendente. De fato, o historiador jesuíta John O'Malley, S.J., apontou que, já no século XVII, dois tipos distintos podiam ser percebidos dentro da espiritualidade jesuíta.[18] Um era "cauteloso e sobriamente asceta, favorecendo quase que exclusivamente um estilo metódico e mesmo moralista de oração, suspeitoso da contemplação e de outras altas formas de oração como hostis ao ministério ativo ao qual a ordem estava comprometida", enquanto o outro tipo era "mais expansivo, mais sincrético dentro da tradução maior da espiritualidade cristã, e intento em desenvolver as implicações dos elementos afetivos e mesmo místicos" da vida e escritos de Inácio. Apesar de o primeiro ter emergido como dominante dentro da espiritualidade jesuíta, os dois tipos eram operantes no final do século XIX e, de fato, correspondiam ao que Dulles destacou como as duas "tendências" na espiritualidade jesuíta existentes na época do primeiro Concílio Vaticano: a primeira das quais preferia as "Regras para sentir com a Igreja" (352-370) encontradas nos *Exercícios* e certas passagens das Constituições jesuítas que enfatizavam obediência à hierarquia da Igreja. Dulles descreveu isso como uma tendência geral dos jesuítas neotomasianos do século XIX, que — continuando a longa tradição de dogmáticos da Contrarreforma — basearam sua teologia na "razão natural e na autoridade dos documentos papais e conciliares", enquanto uma segunda tendência enfatizava "As regras para discernimento dos espíritos" (313-336) e o "misticismo inaciano", e os jesuítas trabalhando para "procurar conectar a teologia mais intimamente com a oração e a experiência do Espírito Santo". Essa história é importante para nossos propósitos, porque ajuda a situar Lacouture e seus críticos dentro da história mais ampla da espiritualidade jesuíta. Também ajuda porque, em sua tentativa de justificar ou certificar a visão teológica do retiro, Hugo procurou situar Lacouture dentro da tendência mais mística — embora algumas vezes negligenciada — da espiritualidade jesuíta. De fato, nessa teologia de "retorno às origens", Hugo destacou não apenas os próprios escritos de Santo Inácio, como também os de jesuítas dos séculos XVI e XVII, como Balthasar Alvarez (1533-1580) e Louis Lallemant (1587-1635). E foi junto a Lallemant e sua "escola" de espiritualidade inaciana em particular — que incluía Jean Rigoleuc, S.J. (1595-1658), e Jean-Joseph Surin, S.J. (1600-1665), assim como Jean-Pierre de Caussade, S.J. (1675-1751), e Jean-Nicolas Grou, S.J. (1731-1803) — que Hugo colocou Lacouture, argumentando que este era "herdeiro dele, aparentado ao menos por afinidade... seu filho, primogênito por meio de um misterioso atavismo espiritual".[19]

Lallemant, que serviu como reitor, diretor espiritual e mestre terceiro na Faculdade Jesuíta em Rouen, não deixou material publicado, e, portanto, o que se sabe de sua teologia vem das anotações de seus alunos, que foram eventualmente publicadas em *The spiritual doctrine of father Louis Lallemant* (*La vie et la doctrine spirituelle de père Louis Lallemant*) em 1694 — um trabalho central para a "escola" de espiritualidade jesuíta de Lallemant.[20] No início do livro, há uma discussão sobre a natureza humana e seu fim, em que se diz:

> Existe um vazio em nossos corações que todas as criaturas unidas seriam incapazes de preencher. Apenas Deus pode preenchê-lo; porque ele é nosso início e nosso fim. A possessão de Deus preenche o vazio e nos faz felizes. A privação de Deus deixa em nós esse vazio, e é a causa de nossa desgraça.[21]

Como Inácio, a doutrina espiritual de Lallemant tem sido descrita como centrada em uma antropologia teológica em particular — do vazio humano procurando o preenchimento de Deus. E, portanto, como Inácio, Lallemant via natureza e graça não em termos de contraste dialético ou incompatibilidade, mas de progressão dinâmica do vazio ao preenchimento — o vazio dentro da natureza humana desejando a plenitude oferecida por Deus. E, assim, a natureza humana em si é reconhecida como marcada por um distinto anseio pelo satisfação do sobrenatural. Mas, ao mesmo tempo, a natureza humana não é separada do sobrenatural, mas intimamente conectada com ele como seu destino final e satisfação última. Partindo dessa antropologia, Lallemant ensinou o afastamento das coisas deste mundo. Porque, como com Inácio, os bens fabricados não eram considerados cheios de pecado, mas também eram sobrenaturais, e então a renúncia era necessária para tornar-se dependente apenas do "bom prazer de Deus" e resignado "inteiramente em Suas mãos". Esse processo gradual de renúncia ou purificação dos motivos e desejos da pessoa — o que foi chamado de "vida espiritual" (*la vie spirituelle*) — buscava restaurar o vazio que marcava a natureza humana e retorná-la — nas palavras de Lallemant — à "perfeita nudez da alma" (*la parfaite nudité d'esprit*) para que ela pudesse ser preenchida com uma superabundância de graça. Resumindo, a graça era compreendida como estando sempre disponível e esperando para tomar posse e corresponder com uma "alma purificada".

Mas, apesar de todos os seus ensinamentos sobre a vida espiritual e perfeita nudez da alma, é importante lembrar que Lallemant passou a vida trabalhando principalmente na formação dos jovens jesuítas, como Santo Isaac Jogues e outros mártires norte-americanos — homens engajados na vida ativa. De fato, a vida espiritual de Lallemant foi uma vida dedicada ao serviço apostólico, e, longe de inibir tal ministério, ele via sua doutrina espiritual — e a união mística ou sobrenatural que buscava — como necessária para tal trabalho. Dessa maneira, Lallemant pode ser visto como ensinando o "misticismo prático" inaciano na espiritualidade que ensinava em Rouen.

Apesar de breve popularidade, no final do século XVIII Lallemant e sua "escola" haviam sido em grande parte esquecidos ou ignorados dentro da Companhia de Jesus. Hugo sugeriu que essa negligência era a principal razão pela qual os comentaristas jesuítas do início do século XX tinham deixado de enfatizar o sobrenatural em seu tratamento dos *Exercícios*. Segundo ele, a crítica e a oposição ao retiro de Lacouture deveriam ser lidos dentro do contexto dessa história jesuíta mais ampla.

Mas, apesar de a afirmação de Hugo de negligência deliberada por parte dos jesuítas ter algum valor, deve-se lembrar de que Lallemant era parte de um grupo extraordinário de escritores espirituais — incluindo Santa Teresa d'Ávila, São João da Cruz, o cardeal Pierre Berulle e São Francisco de Sales — que escreveram da época logo após a Reforma Protestante até a controvérsia relacionada ao Quietismo no fim do século XVII. E na verdade foi a controvérsia do Quietismo (1687-1699) que acabou com esse incrível esplendor das obras espirituais. Porque, imediatamente depois da submissão de François Fénelon (1651-1715) ao papa Inocêncio XII em 1699, uma atitude antimística bastante real desceu sobre a Igreja e, como resultado, os escritos espirituais de natureza mais mística desapareceram em grande parte da arena pública. Um declínio que deixou um vazio claro, que foi rapidamente preenchido por um jansenismo ressurgente — mais notadamente nos escritos de Pasquier Quesnel (1634-1719) —, que promovia fortemente um ascetismo rigorista somado à noção de que apenas umas poucas almas predestinadas poderiam um dia conseguir atingir a união mística com Deus. Como resultado, qualquer obra que enfatizasse o místico ou sobrenatural tornava-se suspeita. De fato, em *The mystic fable* (1982), Michel de Certeau, S.J., destacou que, ao fim do século XVII, o adjetivo "místico" (*mystique*) havia se convertido no substantivo "misticismo" (*la mystique*), e, empacotado como tal, foi claramente marginalizado e isolado, ao mesmo tempo que a prece mística foi compreendida como uma prática extraordinária reservada exclusivamente às elites espirituais enclausuradas.[22] A união mística com Deus e qualquer ênfase no sobrenatural em geral rapidamente passaram a ser vistas como um fenômeno fora da vida dos cristãos comuns — tanto para os leigos quanto para o clero secular.

A controvérsia quietista, então, marcou um ponto crítico real e significativo no catolicismo. Depois dela, "uma hiperintelectualização limitante e sufocante" da tradição começou, culminando na forma neotomasiana — com sua posição dualista sobre natureza e graça — que dominou a teologia católica do início do século XX. Essa era a "nova teologia", que, de acordo com Henri de Lubac, exilou o sobrenatural do mundo moderno e que Hugo identificou como tendo moldado a maneira pela qual os críticos retratavam o retiro.[23]

O resultado aqui é que os retratos do retiro como "jansenista" refletem um mal-entendido em relação à sua teologia. Na verdade, o retiro — com sua ênfase no sobrenatural e no chamado universal à santidade — está muito mais próximo da visão de Fénelon do que da de Quesnel. E, como Hugo afirmou, as raízes teológicas do retiro estão profundamente dentro da tradição cristã, sendo suas fontes em primeiro lugar inacianas. Apesar das alegações dos críticos, a noção de renúncia cristã no retiro não era uma noção de pecado e graça, mas uma noção mais inaciana de vazio e preenchimento, e, portanto, o pecado não era a razão primária para tal renúncia. E a leitura que Lacouture faz de Inácio — apesar de certamente não ser a leitura dominante — claramente se encaixava em um estilo há muito considerado dentro da espiritualidade jesuíta, um estilo que manteve o misticismo prático inaciano.

III

O retiro não foi o único exemplo desse tipo de espiritualidade jesuíta a emergir nos anos 1930 e 1940. De fato, enquanto Lacouture e Hugo estavam articulando e defendendo a teologia do retiro nos Estados Unidos, vários jesuítas europeus estavam publicando teologias que também eram profundamente moldadas pelo misticismo prático inaciano. Muito foi escrito sobre o efeito da espiritualidade inaciana por teólogos do meio do século, como Karl Rahner, S.J. (1904-1984), Teilhard de Chardin, S.J. (1881-1955), e Hans Urs von Balthasar, S.J. (1905-1988).[24] Apesar de as semelhanças com o trabalho desses jesuítas não ter sido explorada ainda, em *The long loneliness* Day faz uma conexão entre a teologia do retiro e o que estava sendo articulado por Henri de Lubac, S.J. (1896-1991), ao mesmo tempo na França — algo muito mais significativo por ela ter feito essa alegação apenas dois anos depois da promulgação de *Humani generis* em 1950.[25] E, apesar de o "retorno às origens" de Hugo poder ser visto como pelo menos fazendo menção ao trabalho feito por de Lubac, os argumentos teológicos que cada um fazia na época revelam semelhanças ainda mais notáveis. De fato, ambos argumentaram que o fim da natureza humana está além de si, não contido em alguma forma de ordem natural autônoma. Ambos reconheciam a natureza como sendo distinta tanto do sobrenatural quanto do pecado — a natureza não é pecaminosa, mas também não é autossuficiente.[26] E ambos viam a natureza humana como inerentemente insuficiente e marcada por um desejo ou capacidade por algo bem além de si mesma — uma antropologia teológica em sintonia com a dinâmica do vazio e preenchimento encontrada tanto em Inácio quanto em Lallemant. De fato, ambos pareciam reconhecer que o entendimento inaciano da graça como satisfação de um dinamismo intrínseco na natureza humana oferecia uma correção à abordagem dupla da natureza e graça encontrada em boa parte do catolicismo do início do século XX.

Esses eram argumentos teológicos importantes para se fazer nos anos

1940. Ao apresentar esses argumentos, Hugo — e de sua maneira Day — tomou parte em uma tendência crescente no catolicismo do meio do século que desafiava a "teologia separada" da época — uma tendência que os estudiosos tipicamente associam apenas aos europeus. E assim como há semelhanças entre a maneira que o retiro foi retratado nos anos 1940 e como é retratado hoje, posso argumentar que a visão teológica do retiro oferece um desafio à "teologia pública" católica contemporânea articulada por teólogos como os tomasianos duas gerações atrás.

Essa conexão com de Lubac e a espiritualidade jesuíta abre algumas conexões possivelmente frutíferas entre o Movimento Operário Católico de Day e os teólogos latino-americanos. Por exemplo, o entendimento de de Lubac sobre o relacionamento entre natureza e sobrenatural — um entendimento moldado pela espiritualidade inaciana e pela filosofia de Maurice Blondel — é peça-chave para o argumento de Gustavo Gutierrez, em *Teologia da libertação*, de que a teologia não pode ser separada do mundo — o sobrenatural no aqui e agora.

E há a conexão mais particular com jesuítas como Ignacio Ellacuría, S.J. Em seus escritos, o mártir jesuíta descreveu o papel fundamental que a espiritualidade inaciana teve na formação de seu pensamento. Por exemplo, ele argumentou que sua noção de "historicização" foi fortemente influenciada por um dos *Exercícios* inacianos, centrado no tratamento do Jesus histórico na Segunda Semana — da mesma maneira que o retiro de Lacouture era focado no "Princípio e Fundamento".[27] Para Ellacuría, a história humana é o "lugar" no qual a vontade de Deus é encontrada; ele sugeriu que o objetivo dos *Exercícios* em geral e da Segunda Semana em particular é fazer com que a vida e a "história" da pessoa fiquem em maior conformidade com a vontade divina por um amor mais radical e uma imitação da vida e da "história" de Jesus. E, como tal, escreveu que, "ao terem como objetivo o encontro pessoal com a vontade de Deus", os *Exercícios* já são "um princípio de historicização". Esse tipo de "misticismo do evento histórico" pode ser visto como uma articulação em particular do "misticismo prático" inaciano. E seu objetivo de um "encontro pessoal com a vontade de Deus" na história claramente sugere algo do desejo de viver as implicações concretas do fim último da humanidade, que eram requeridas no retiro e praticadas por Day e os outros no Movimento Operário Católico.[28] Muito mais pode ser dito sobre isso, mas há uma conexão.

E também há o papa Francisco e seus recentes comentários sobre o papel da espiritualidade inaciana em sua vida. O Papa falou especialmente de sua atração pelo "movimento místico" dentro da história jesuíta — um movimento que associou a Lallemant e Surin.[29] De fato, a doutrina espiritual e a escola espiritual de Lallemant — e eu arriscaria dizer o retiro de Lallemant — podem ser ouvidas no chamado de Francisco para que os católicos "renunciem a si mesmos" e se dispam de sua "ligação homicida" com a "mundanidade". Uma mundanidade que não é descrita como pecaminosa por si só, mas como uma lepra ou um câncer que claramente guia a pessoa para longe da "santidade diária" e da "classe média santa" a que o Papa quer encorajar.

Conclusão

Tudo isso é importante, eu diria, porque compreender o retiro dentro do contexto teológico e histórico da espiritualidade jesuíta desafia não só as caracterizações do retiro como "jansenista", como também desafia a marginalização que Day e outros influenciados pelo retiro sofreram ao serem rotulados como rigoristas, sectários e — talvez o pior de todos — irrelevantes. A visão teológica que Dorothy Day ganhou com o retiro não vem de fronteiras teológicas, mas está firmemente enraizada dentro da tradição cristã. O retiro e suas raízes inacianas proveram muito da fundação da tentativa de Day de viver uma forma mais radical da vida cristã. De fato, a prática da não participação seletiva nas instituições políticas, econômicas e sociais americanas pela qual Day e outros foram criticados — juntamente com o contínuo discernimento que tal participação seletiva requeria — não se originava de uma rejeição completa dessas instituições ou da sociedade e da cultura americanas como necessariamente pecaminosas ou corruptas ou "radicalmente incompatíveis" com a graça. Em vez disso, originava-se de um desejo por uma vida que requeria muito mais do que simplesmente aquilo que não era pecado. De fato, cresceu de um desejo de viver o que Hugo chamava de "o caminho maior de Jesus — a vida de um santo". Lutar em uma guerra justa, votar ou assistir TV a cabo não são pecados *per se*, mas também não são caminhos para a santidade. E desejo pela santidade — o "encontro pessoal com a vontade de Deus" de Ellacuría — não é jansenista. Como argumentou Hugo, é inaciano.

Notas

1 Dorothy Day. Death of father Onesimus Lacouture, S.J. *The Catholic Worker*, p. 1, dez. 1951.

2 Rosalie Riegle. *Dorothy Day*: portraits by those who knew her. Maryknoll, NY: Orbis Press, 2003. p. 83 apud Robert Ellsberg (Ed.). *All the way to heaven*: the selected letters of Dorothy Day. Milwaukee: Marquette University Press, 2010. p. 125.

3 J. Leon Hooper, S.J. Dorothy Day's transposition of Thérèse's "Little Way". *Theological Studies*, n. 63, p. 76, nota 23, 2002; J. Leon Hooper. Murray and day: a common enemy, a common cause?. *U.S. Catholic Historian*, n. 24, p. 57, inverno de 2006.

4 James T. Fisher. *The catholic counterculture in America, 1933-1962*. Chapel Hill, NC: University of North Carolina Press, 1989. p. 59.

5 Ver Eugene McCarraher. The Church irrelevant: Paul Hanly Furfey and the fortunes of American Catholic Radicalism. *Religion and American Culture*: A Journal of Interpretation, v. 7.2, p. 163-194, verão de 1997.

6 David O'Brien. *Public Catholicism*. Nova York: Macmillan Publishing Co., 1989. p. 246.

7 George Weigel. *Tranquilitatis ordinis*. Nova York: Oxford University Press, 1987. p. 150-151.

8 Charles Curran. *American catholic social ethics*. Notre Dame, In: University of Notre Dame Press, 1982. p. 130.

9 Richard Gaillardetz. Ecclesiological foundations of modern catholic social teaching. In: Kenneth R. Himes, O.F.M. (Ed.). *Modern catholic social teaching*. Washington, DC: Georgetown University Press, 2004. p. 77; Kristen Heyer. *Prophetic & public*: the social witness of U.S. Catholicism. Washington, DC: Georgetown University Press, 2006. p. 76.

10 John Courtney Murray, S.J. *We hold these truths*: catholic reflections on the American proposition. Nova York: Sheed and Ward, 1960.

11 Joseph Komonchak. John Courtney Murray and the redemption of history: natural law and theology. In: J. Leon Hooper, S.J., e Todd David Whitmore (Ed.). *John Courtney Murray & the growth of tradition*. Kansas City: Sheed & Ward, 1996. p. 74.

12 Joseph J. Connor, S.J. The catholic conscientious objector. *The Ecclesiastical Review*, n. 108, p. 125-138, fev. 1943.

13 Joseph Clifford Fenton. Nature and the supernatural life. *American Ecclesiastical Review*, p. 54-68, jan. 1946.

14 Connell. Review of applied christianity, by John J. Hugo. *American Ecclesiastical Review*, p. 69-72, jul. 1945.

15 John Hugo. *A sign of contradiction*: as the master, so the disciple (publicado pelo autor, 1947); John Hugo. *Nature and the supernatural*: a defense of the evangelic ideal (publicado pelo autor, 1949). Para outros relatos históricos do movimento do retiro de Lacouture, veja Anselme Longpré. *Un mouvement spiritual au Québec (1931-1962)*: au retour à l'Evangile. Montreal: Fides, 1976, e Jean-Claude Drolet. Un mouvement de spiritualité sacerdotale au Québec au XXe siècle (1931-1965): le lacouturisme. *Canadian Catholic Historical Association*: Study Sessions, 1973 (Otawa,1974), p. 55-87.

16 Ignatius. Spiritual exercises. In: *Ignatius of Loyola*: spiritual exercises and selected writings. Tradução de George Ganss, S.J. Nova York: Paulist Press, 1991. p. 130.

17 Avery Dulles. Jesuits and theology: yesterday and today. *Theological Studies*, v. 52.3, p. 525, set. 1991.

18 John O'Malley. Early jesuit spirituality: Spain and Italy. In: Louis Dupre e Don E. Saliers (Eds.). *Christian Spirituality III*. Nova York: Crossroad, 1989. p. 17.

19 A lista de Louis Cognet de discípulos jesuítas do século XVII de Lallemant inclui: Rigoleuc, Surin, Champion, assim como Jean-Baptiste Saint-Jure (1588-1657), Jacques Nouet (1605-1680), Vincent Huby (1603-1693), Julien Maunoir (1606-1683), Francois Guillore (1615-1684), Jean Crasset (1618-1692), e Claude de la Colombière (1641-1682), que foi mentor espiritual de Santa Margarida Maria (1647-1690). Louis Cognet. *Post-reformation spirituality*. Tradução de P. Hepburne Scott. Nova York: Hawthorn Books, 1959. p. 107. Dorothy Day também estava familiarizada com Lallemant e creditava a seu primeiro mentor espiritual, Joseph McSorley, a apresentação aos escritos dele. Ver William Portier. Dorothy Day and her first spiritual director, Fr. Joseph McSorley, C.S.P. *Houston Catholic Worker*, p. 5, set./out. 2002.

20 *The spiritual doctrine of father Louis Lallemant of the Society of Jesus*, preceded by an account of his life by father Champion, SJ. Alan McDougall (Ed.). Westminster, MD : The Newman Book Shop, 1946.

21 La vie et la doutrine spirituelle du Père Louis Lallemant", Livro I, capítulo 1, seção 1 (da tradução de Alan McDougall), p. 27.

22 Michel de Certeau. *The mystic fable*: the sixteenth and seventeenth centuries. Tradução de Michael B. Smith. Chicago: University of Chicago Press, 1992. v. 1, p. 16, 76-77, 107-113.

23 Henri de Lubac. *Surnaturel*: études historiques. Paris: Desclée de Brouwer, 1991 [1946].

24 Para uma introdução útil, ver Avery Dulles. The Ignatian charism and contemporary theology. *America*, v. 176, n. 26, p. 14-22, abr. 1997.

25 Dorothy Day. *The long loneliness*. Op. cit., p. 258.

26 As semelhanças biográficas entre Hugo e de Lubac são interessantes: ambos estavam escrevendo ao mesmo tempo, *Applied christianity* apareceu em 1944, *Surnaturel* em 1946; ambos foram criticados por neotomasianos proeminentes, Fenton, Connell, e Reginald Garrigou-Lagrange; ambos foram efetivamente "silenciados" pelas autoridades eclesiásticas, Hugo em 1944 por seu bispo, de Lubac por seus superiores jesuítas depois de *Humani generis*, e ambos se submeteram.

27 Ver a discussão de Ellacuría sobre os Exercícios em Lectura latinoamericana de los Ejercicios Espirituales de San Ignacio. *Revista Latinoamericana de Teología*, n. 23, p. 111-147, 1991.

28 Para mais sobre a ideia de "misticismo no evento histórico", ver Ewert Cousins. Franciscan roots of Ignatian meditation. In: George Schner, S.J. (Ed.). *Ignatian spirituality in a secular age*. Waterloo, Ont.: Wilfrid Laurier University, 1984. p. 51-64, 60.

29 Antonio Spadaro, S.J. A big heart open to God. *America*, 30 set. 2013 [*online*].

Fé e razão na revolução personalista de Dorothy Day

Michael Baxter

Introdução

OS MECANISMOS DE FÉ E RAZÃO DEVEM SER EXAMINADOS NA REVOLUÇÃO personalista de Dorothy Day e do Movimento Operário Católico porque ela e seu movimento são frequentemente caracterizados como uma revolução dos corações, da fé. Para entender essa questão, é importante revisar a história da reflexão teológica em sua vida e obra, uma história marcada pelo conflito no campo da teologia católica nos Estados Unidos, particularmente no tocante à ética social católica.[1]

1

Durante grande parte de sua vida e nas últimas três décadas, pode-se dizer que o trabalho e o testemunho de Dorothy Day foram majoritariamente descartados por estudiosos da ética católica — incluindo teólogos, eclesiásticos e historiadores do catolicismo nos Estados Unidos.

Ainda que tenham sido prontamente retratadas como admiráveis e inspiradoras, sua vida e obra foram simultaneamente menosprezadas como tendo pouco a dizer sobre a "sociedade", a "política" ou a "cultura" e consideradas, em alguns momentos, como não genuinamente católicas. Por que não católicas? Porque, segundo esses argumentos, ela rejeitou a razão e com isso posicionou a si mesma e a seu heroico e profético movimento fora da tradição católica, baseada no preceito de que a fé e a razão são as duas vias para a verdade, como foi estabelecido no Concílio Vaticano I e estipulado na relação entre fé e razão estabelecida por São Tomás de Aquino.[2]

Tal descarte da obra de Dorothy Day foi constantemente feito não de forma direta, mas indireta, por meio de críticas aos teólogos nos quais ela se apoiava. O principal deles foi seu guia espiritual e mentor teológico, padre John J. Hugo, que (como Ben Peters mostrou[3]) enfatizou a necessidade de avançarmos nossas vidas para além da natureza, que é em si insuficiente para a salvação, para a busca de uma vida sobrenatural. Dorothy Day subscrevia à visão de Hugo, como pode ser visto no capítulo "retiro" de sua autobiografia, *The long loneliness* (A longa solidão). Mesmo negando qualquer autoridade ou competência no tocante às questões técnicas da teologia, ela declarou sua preferência pela linha sobrenatural de Hugo. Além disso, como Peters também mostrou, sua história pessoal desloca-se de uma vida de "alegria natural", o título da segunda parte de sua biografia — que cobre o período em que ela se apaixonou por Forster Batterham, teve um filho com ele e, sob sua influência, aprofundou sua apreciação pela natureza — para a vida de caridade sobrenatural que ela encontrou no Movimento Operário Católico. A ideia está contida no poema "The hound of Heaven" (O perseguidor do Paraíso) de Francis Thompson, que Eugene O'Neill lhe recitava de memória durante as bebedeiras noturnas em sua juventude: "Natureza, pobre madrasta, não pode abrandar a minha seca".[4] Hugo insistia que devemos ir além da natureza, pois viver apenas nossa vida natural é insuficiente para o que Deus planejou para a humanidade. Por defender tal linha de argumentação, foi acusado de "denegrir a natureza", taxado de jansenista e proibido, por um breve período, de liderar seu famoso retiro.[5]

Acusações semelhantes foram levantadas contra dois outros teólogos mentores de Day, Paul Hanly Furfey e Virgil Michel. Furfey, um sociólogo da Catholic University, foi criticado por John Courtney Murray, implícita, mas claramente, por defender uma perspectiva de "humanismo escatológico", algo que rejeita todas as aspirações deste mundo em troca de uma santidade pessoal, de salvação, de vida no além — em suma, da eternidade. Assim procedendo, afirmou Murray, Furfey e seus pares rejeitavam a tarefa mais afirmativa e mundana do "humanismo encarnado", que chama os cristãos a participarem do curso principal da história e a transformarem a sociedade, a política, a economia e a cultura. Seus argumentos focavam o augustianismo de Furfey, que o desviava do impulso tomista de se aliar a outros cristãos baseando-se na razão e, juntos, trabalharem nos urgentes problemas sociais do presente.[6]

Virgil Michel, um monge beneditino e fundador do Movimento Litúrgico que se estabeleceu nos Estados Unidos durante os anos 1920 e 1930, também foi criticado. Para Virgil Michel, a "reconstrução social", como os católicos a chamavam na época, começa com a vida litúrgica e sacramental da Igreja, com o batismo e a missa, a vida cristã das paróquias e seus projetos de associações profissionais, cooperativas de trabalhadores e projetos agrários de construção de uma vida no campo e em pequenas cidades e vilarejos — um movimento de reconstrução social de baixo para cima. Essa visão foi criticada pelos principais teóricos sociais cristãos da época, especialmente pelo monsenhor John A. Ryan, professor da Catholic University e diretor do Departamento de Ação Social da Conferência Católica Nacional do Bem-estar. Ryan achava a visão de Michel muito limitadora. Ele preferia focar a mudança das políticas das leis estaduais e federais relacionadas com salário mínimo, remuneração trabalhista, trabalho infantil etc., um programa que fez com que recebesse o apelido de "Reverendo do New Deal". Mais uma vez, sua visão social era baseada na razão concebida por São Tomás de Aquino e pelo papa Leão XIII em *Rerum novarum*.[7]

Foi esse impulso de participar e transformar o fluxo principal da história, sociedade e cultura que prevaleceu no pensamento católico nos Estados Unidos até o Concílio Vaticano II. Depois do Concílio, tal diretriz tornou-se ainda mais prevalente, e a Igreja estava pronta a se relacionar de maneira mais construtiva com o mundo moderno, a se engajar no diálogo ecumênico e inter-religioso e a endossar a liberdade religiosa como um direito humano positivo.

Esta última afirmação foi especialmente importante para os católicos nos Estados Unidos, porque sinalizou a aceitação universal pela Igreja, após uma longa espera, da visão política expressa na Constituição do país, sobretudo na Primeira Emenda, na qual o Estado abre mão de sua competência sobre as questões religiosas, com exceção da garantia de liberdade de religião. A figura central nessa questão foi John Courtney Murray, que serviu como *peritus* no Concílio, trabalhou por uma mudança na doutrina católica sobre política e Estado e escreveu a Declaração sobre Liberdade Religiosa, *Dignitatis humanae*. O humanismo encarnado, de acordo com o conceito elaborado por Murray, foi aparentemente aceito e significava um reformismo político centrado no Estado e baseado na lei natural, cujo objetivo era elevar a filosofia pública da nação por meio do exercício da razão.[8]

Esse projeto foi estendido, emendado, rearticulado e reconcebido de várias maneiras nos anos 1970, 1980 e 1990. Ele informou as cartas pastorais dos bispos norte-americanos sobre a guerra e as armas nucleares em 1983 e sobre a economia em 1986. E serviu como norte para quase todos os principais pensadores católicos nos Estados Unidos de todos os matizes políticos, tanto liberais quanto conservadores, como David Hollenbach, Bryan Hehir, Michael e Kenneth Himes, John Coleman, Michael Novak, Richard John Neuhaus e George Weigel, citando apenas alguns. "O Projeto de Murray" reinou supremo.[9]

E qual era a posição de Dorothy Day? Ela permaneceu na mesma posição em que estava nos anos 1940, 1950 e 1960, ou seja, na posição marginal. Isso não significa que sua vida e obra não tenham sido extraordinariamente apreciadas por muitos católicos. Para os católicos envolvidos com o movimento pelos direitos civis e comprometidos com a causa dos pobres, das classes trabalhadoras, da oposição à Guerra do Vietnã e às armas nucleares e com a mudança da política norte-americana para a América Latina, a persistente luta de Day por justiça e paz ganhou uma credibilidade sem precedentes. Ainda assim, para os teóricos católicos da ética social, da economia e da política e para os historiadores do catolicismo nos Estados Unidos, sua vida e obra continuaram a ser consideradas marginais. A adjetivação mudou. Enquanto no passado ela era classificada como fideísta, jansenista e agnóstica, agora foi chamada de "sectária", perfeccionista", "apocalíptica", "profética", "uma comunitária fechada" e "uma resistente", em vez de uma engajada — todos os termos significando sua rejeição a aceitar a política do Estado moderno e a economia do capitalismo avançado.[10] No contexto do pós-Concílio, o argumento de Murray pelo "humanismo encarnado", em detrimento do "humanismo escatológico", foi reforçado por católicos que abraçaram a teoria teológica e social dos irmãos H. Richard e Reinhold Niebuhr, que, influenciados por Ernst Troeltsch, afirmavam que a teologia, por si só, não dispõe das ferramentas necessárias para falar do mundo moderno e precisa recorrer às análises oferecidas pela teoria secular política, econômica, sociológica e cultural.[11] Dorothy Day e o Movimento Operário Católico não estavam dispostos a fazer isso. Portanto, optaram por não fazer qualquer contribuição para a mudança da civilização que não fosse oferecer ideais, valores e atitudes que indicavam o objetivo final para aqueles que realmente arregaçavam as mangas e trabalhavam para a justiça e a transformação social. O Movimento Operário Católico, portanto, proporcionava o "ideal" irrealizável e impossível da fé — ou seja, "o Evangelho", "a cruz", o "autossacrifício pelo amor" — que precisa então ser realizado dentro da "história".[12]

Se essa dualidade entre "fé" e "política", "amor" e "justiça" e a "cruz" e a "história" balizava os termos do debate católico sobre ética social, o que você deve fazer para tentar avançar em um relato mais amplo sobre a importância de Dorothy Day e do Movimento Operário Católico? Algo que você pode fazer é contestar o próprio paradigma de dualidade. É isso que os vários defensores de Dorothy Day e do Movimento Operário Católico, inclusive eu, têm feito nos últimos 20 anos. Seguindo essa linha, muitos desses defensores (inclusive eu) assumiram posição proeminente entre os críticos à visão dos Niebuhrian sobre a ética social — nomes como Stanley Hauerwas, o metodista estudioso de ética da teologia de Duke, e John Howard Yoder, o teólogo, estudioso de ética e historiador menonita da Notre Dame que morreu em 1997. Seus pensamentos são muito complexos, e seus escritos, muito volumosos, mas a mudança conceitual no âmago teórico de seus trabalhos é bem direta: redefinir a fé, e as crenças e práticas que a fé produz, como política. A partir daí, deriva que o Movimento Operário Católico não precisa influenciar a política ou se tornar relevante para a política. Ele é a política. Ele é político. Lá existe, para valer-se do título do livro mais influente de Yoder, a "política de Jesus".[13] Há também, pode-se dizer, uma economia de Jesus, ou, como Steve Long afirma, uma "economia divina", ou ainda, na linguagem teológica tradicional, uma economia da salvação.[14] Da mesma forma, podemos nos referir a uma "política teológica", ou a uma "teologia política", como apresenta Bill Cavanaugh, ou como Frederick Bauerschmidt afirma em referência a Julian de Norwich, uma "política do corpo místico de Cristo".[15] Todos esses termos, e muitos outros, refletem um novo conceito de ética social e teoria social do ponto de vista teológico e eclesiástico. John Milbank então defende que a teologia não precisa de uma teoria social e que toda teoria social é, de certa forma, teológica.[16] Ou ainda, como Hauerwas apresenta, "a Igreja não tem uma ética social; ela é a ética social".[17]

Essa mudança conceitual de redefinição da sociedade, política e economia em termos teológicos, cristãos e eclesiásticos é atraente por diversas razões. Um motivo é que contrabalanceia o individualismo que castigou a ética social católica e cristã por muito tempo durante o período moderno, devendo à filosofia pós-cartesiana e pós-kantiana. Outra razão é que esse conceito admite que a fé cristã e a Igreja não são nunca social, política e economicamente neutras. Elas estão sempre situadas dentro de um contexto histórico. E ao negar essa sua inserção social, política e econômica, como alertam muito teólogos da libertação, está trabalhando para reforçar a ordem social, econômica e política. Há também o fato de apresentar a fé e o Evangelho como o contexto necessário para gerar uma visão social alternativa com visões políticas e sociais alternativas. Dessa forma, o Movimento Operário Católico talvez ofereça o mais atraente exemplo de política e economia cristãs e eclesiásticas. Em vez de uma ética social que tente reformar o Estado moderno e gerenciar o mercado moderno, incorpora-se uma alternativa política e econômica na linha das comunidades locais e dos modos distributivistas de produção e consumo. No sentido de manter essa ética social formada pela teologia, Paul Hanly Furfey clama por uma "sociologia supernatural".[18] Da mesma forma, Virgil Michel defende uma "economia eucarística".[19] Além disso, considerando a ênfase de Michel na liturgia, podemos ver como as escrituras, mostradas ao longo do ano litúrgico, permitem o contexto para uma visão teológica da história e para uma narrativa do passado, algo sobre o qual aludiu Peter Maurin quando aconselhou Dorothy a ver a história com a perspectiva da vida dos santos.[20] Em outras palavras, teologicamente o Movimento Operário Católico oferece um exemplo rico do que George Lindbeck chamou de "a antiga prática da absorção do universo pelo mundo bíblico".[21]

Mas há um problema nesse esforço para redefinir a ética social com uma visão teológica da sociedade, política, economia e história. Essa visão continua a ser suscetível à velha crítica de que é muito estreitamente centrada na fé e na Igreja, é muito sectária ou fideísta, ou seja, de que não há uma harmonia entre essa visão baseada na fé e o que conhecemos como razão. As noções de "raciocínio das escrituras" ou "raciocínio eclesial" não respondem a essas críticas, porque elas são baseadas na teologia, enquanto o que é pedido é a razão no sentido filosófico. Então, no tocante a Dorothy Day e ao Movimento Operário Católico, o que é necessário é o relato de como sua vida e obra e a do movimento em geral são moldadas não apenas pela fé, mas também pela razão. Ou melhor, como a vida e a obra de Day e do Movimento Operário Católico continham um modo próprio de raciocínio que tinha sua própria coerência interna e podia, assim, ser explicado em termos da razão como tradicionalmente aceita pelos ensinamentos católicos.

2

A presença e a operação da razão na vida e no pensamento de Dorothy Day e do Movimento Operário Católico são evidentes em três aspectos.

Primeiro, considere a forma como Dorothy apelou a nosso (de seus leitores) senso comum de humanidade e, em linha com essa proposta, a nosso senso de justiça e injustiça. Essa foi uma característica central nos textos de Dorothy, algo pelo qual ela foi altamente admirada durante toda a sua vida, desde antes de sua conversão como redatora para *The Call*, *The Masses* e *The Liberator*, e depois em reportagens e artigos pessoais para *Commonweal* e *America*, e ainda em seu próprio jornal, *The Catholic Worker*. Suas colunas e reportagens foram repletas de histórias de pessoas que vagavam pelas ruas, dormiam defronte às portas das casas, lutando para pagar as contas e os aluguéis, e sendo despejadas de suas residências; histórias de pessoas que procuravam o Movimento Operário Católico para ter um prato de sopa e onde dormir; histórias de suas viagens a outras comunidades do Movimento Operário Católico em todo o país, onde encontrou e escreveu sobre os pobres e os trabalhadores enfrentando dificuldades similares. Esse estilo pessoal e orgulhoso de escrita foi sua forma de apelar para o senso de humanidade dos leitores. É verdade que Dorothy considerava o sofrimento das pessoas como feridas infringidas no corpo de Cristo, do qual todos são parte ou membros em potencial. Também é verdade que ela estava escrevendo com base em seu senso de justiça e apelando ao senso de justiça de seus leitores.[22]

Segundo, considere a diversidade de referências que Dorothy usou em seus textos para seu diário pessoal e as publicações. Muitos não eram nem católicos nem cristãos, e outros não aderiram a qualquer religião ou eram ateus declarados. Alguns exemplos são: Leon Tolstói, Ralph Waldo Emerson, Henry David Thoreau, Martin Buber, Abraham Heschel, Thomas Jefferson, Raymond Williams, Herbert Marcuse, Albert Camus, George Orwell, Edmund Wilson, Jack Reed, John Steinbeck, Eugene Debs, Upton Sinclair e Jack London. Essa lista pode ser multiplicada por dez.[23] O que chama a atenção nela é que muitos dos nomes são de esquerda, pensadores aos quais Day foi exposta quando conviveu em sua juventude com marxistas, socialistas e anarquistas, principalmente antes de sua conversão. Mas ela continuou a ler e a escrever sobre eles depois de sua conversão. Apesar de não ter explicado por que pensadores podem ser invocados por um fiel católico, claramente sugeriu que essas fontes tinham sabedoria para oferecer sobre o tema da justiça e injustiça nos Estados Unidos e no mundo em meados do século XX — uma sabedoria expressa por raciocínio e argumentação baseados nas premissas de alguma filosofia operacional.[24]

Isso nos leva ao terceiro aspecto do pensamento de Dorothy Day, no qual podemos encontrar evidências do emprego da razão. Essas evidências estão, não em seu pensamento próprio, mas sim no de Peter Maurin, "cujas ideias" ela escreveu em *The long loneliness*, "vão dominar o resto de minha vida".[25] Que ideias são essas? Peter, como Dorothy, era um pensador eclético, mas tinha a capacidade de integrar e desenvolver suas ideias em argumentos opostos a argumentos contrários, em posições filosóficas que contrapunham posições filosóficas rivais. Duas dessas posições filosóficas ocupavam um papel central no pensamento de Peter Maurin.

A primeira é o personalismo, especificamente o "personalismo comunitário" de Emmanuel Mounier (1905-1950), o filósofo francês que abandonou uma posição acadêmica na Sorbonne para fundar o jornal *Esprit* e assim propagar as ideias do personalismo.[26] Segundo a apresentação de Mounier, a premissa básica do personalismo é que cada pessoa é feita à imagem e semelhança de Deus e então está estruturada para a transcendência, para encontrar o absoluto, além de ter a capacidade de assumir compromissos, que só pode ser atingida por meio do amor ao próximo. Em contraste com o ponto de partida do pensamento cartesiano, "penso, logo existo", o ponto de partida dos personalistas é "amo, logo existo", uma diretriz que privilegia o amor em detrimento do saber.[27] Essa visão relacional anticartesiana da pessoa tem raízes na teologia da Trindade, assim também como na antropologia da pessoa composta por corpo, mente e alma. Ela se opõe à tendência moderna de ver a pessoa como um indivíduo com uma identidade e capacidade de agir de forma isolada das outras pessoas — atomismo — e, simultaneamente, rivaliza com a tendência moderna de coletivismo, que apregoa que a pessoa é apenas uma parte de um todo, ao qual estão submetidos sua identidade e destino. Em filosofia política, portanto, o personalismo é definido com relação e em oposição ao contratualismo de Locke e Hobbes e ao coletivismo de Rousseau, Hegel e Marx. Na prática, essa visão rejeita o individualismo da democracia liberal e o totalitarismo do fascismo, do comunismo e de certo tipo de democracia liberal.[28] Ela proporciona uma antropologia filosófica que se recusa a se alinhar com qualquer sistema político ou econômico e permite a criação de um padrão a partir do qual é possível medir e julgar todos os sistemas políticos e econômicos.

O personalismo de Mounier pode e deve ser associado ao esforço de alguns filósofos no final do século XIX e início do século XX para estabelecer um espaço separado do campo da necessidade, que, em termos de cientificismo, naturalismo e materialismo, pode ser entendido deterministicamente com um domínio compreensível puramente em termos de causa e efeito.

O domínio contrastante, para Mounier, era o da liberdade, do espírito, do "impulso criativo", para usar um termo cunhado por Henri Bergson (cuja filosofia influenciou profundamente Mounier), para prestar contas da dimensão intuitiva do conhecimento humano. Ao mesmo tempo, o personalismo de Mounier opunha-se à reflexão filosófica em nível da abstração de conceitos universais, seja na forma platônica, seja na forma hegeliana, e de acordo com o existencialismo de Kierkegaard. Mas uma preocupação especial de Mounier era a de transformar sua filosofia personalista em ação. Seu pensamento tinha uma espécie de qualidade para o confronto e para a campanha (daí o livro intitulado *A personalist manifesto*, Um manifesto personalista). Mas não era para ser uma ação egoísta. O desafio principal era estimular as pessoas a se doarem ao próximo por amor e assim cumprirem sua vocação moral, seu destino.[29] Peter Maurin capturou esse espírito muito bem em um ensaio intitulado "Personalismo comunitário":

> Um personalista
> é um doador,
> não um predador.
> Ele tenta dar
> o que ele tem,
> e não
> tenta obter
> o que a outra pessoa tem.
> Ele tenta ser bom fazendo o bem.
> Ele é altruísta,
> não egoísta.
> Ele tem uma doutrina social
> do bem comum.[30]

Dessa passagem, podemos identificar a evidência da segunda posição filosófica implícita no pensamento de Peter Maurin: o tomismo. A noção do "bem" aparece frequentemente nos escritos de Peter Maurin, como na passagem mais famosa em que ele se refere a uma sociedade "onde é mais fácil ser bom".[31] E também na noção sobre "bem comum".[32] São Tomás de Aquino é mencionado frequentemente pelo nome por Peter e Dorothy.[33] Nada disso é surpresa. Nessa época, os anos 1930, qualquer católico com propensão intelectual teria mencionado São Tomás de Aquino como uma autoridade primordial, na verdade como a autoridade primordial no ensinamento social católico, no qual estava inserido o conceito de bem comum.[34] Mas estava Peter Maurin correto ao supor que a filosofia do personalismo de Mounier está em consonância com, e implícita na, filosofia de São Tomás de Aquino do bem comum? Ele estava, se tomarmos em consideração o trabalho de mais um dos principais intelectuais católicos do período, também mencionado por Maurin no ensaio: Jacques Maritain.[35]

Maritain foi influenciado por Mounier em 1931 e valeu-se de sua filosofia personalista durante a maior parte de sua carreira, principalmente com *The person and the common good* (A pessoa e o bem comum).[36] Nesse livro, Maritain explicita a relação recíproca entre a pessoa e o bem comum, na qual nenhuma das partes tem precedência, e a natureza da sociedade política à luz dessa reciprocidade. Como Mournier, Maritain rejeita a política do fascismo, comunismo e liberalismo burguês, mas mantém em aberto a seguinte questão: por que tipo de sociedade política devemos lutar? Ele não oferece uma resposta, mas, em palestras proferidas na Universidade de Chicago, e depois publicadas em *Man and the State*.[37] A visão de Maritain articula-se no sentido de uma democracia constitucional, um Estado muito como os Estados Unidos — para onde ele havia emigrado —, ou pelo menos como os Estados Unidos imaginados por Maritain, onde os direitos humanos e o bem comum são igualmente, e sem problemas, protegidos. Mas, nessas ideias, muitos problemas na política dos Estados Unidos foram desprezados, como a dificuldade de se chegar a um consenso sobre o conceito de uma boa vida em uma sociedade cultural, moral e religiosamente plural; o problema de abranger o bem comum em um ambiente burocrático de larga escala; o problema de se obter e preservar a justiça econômica em um ambiente de capitalismo avançado e liberdade de mercado; o problema de se educar os jovens para uma vida de raciocínio prático; e o problema de se evitarem justificativas pragmáticas para políticas específicas. Nenhum desses problemas é considerado adequadamente por Maritain. E 40 anos após sua morte, eles continuam a ser problemas para qualquer um que defenda, como fez Maritain, que o conceito tomista de bem comum pode estar representado em um Estado moderno como os Estados Unidos.

Essa crítica a Maritain é aprofundada por Alasdair MacIntyre no contexto de sua antiga posição de ceticismo relativa à política no Estado moderno. Mas essa linha de argumentação não é apenas negativa, de cunho marxista, objetivando evidenciar que os Estados modernos são ferramentas para manter as atuais disparidades de riqueza e poder com pouca capacidade para estimular as práticas e virtudes necessárias para a política do bem comum. É também uma argumentação positiva e aristotélica sobre nossas vidas como seres humanos, as virtudes necessárias para seu florescimento, as práticas que desenvolvem tais virtudes, em vários ambientes, residências, bairros, locais de trabalho, escolas etc.[38] MacIntyre revisa esse quadro aristotélico do florescimento humano, no entanto, ao apontar as realidades de vulnerabilidade e dependência na vida humana (e animal), e então a necessidade das virtudes de compaixão, beneficência e misericórdia ou pesar pela angústia alheia — virtudes que não estavam presentes no quadro da sociedade política de Aristóteles, mas podem ser encontradas nos relatos de São Tomás de Aquino dos frutos da caridade. Além disso, para São Tomás, há virtudes importantes de dependência reconhecida que vão contra a representação de Aristóteles do "homem de alma grandiosa" autossuficiente, virtudes que nos habilitam a receber o cuidado e a ajuda alheia como uma dádiva.[39] Essas virtudes são cruciais para o florescimento humano em famílias, residências, escolas e locais de trabalho. Essas virtudes de dar e receber são de cunho teológico e são legadas como uma graça, mas são encontradas na vida secular, de acordo com MacIntyre, nos aspectos da vida humana pertinentes às coisas temporais.[40] Elas nos permitem florescer como seres humanos.[41]

Aqui, no relato de MacIntyre sobre as virtudes, as práticas e as políticas dos "animais racionais dependentes", achamos um quadro não substancialmente diferente do relato de Peter Maurin de sociedade, na qual o bem e a boa vida são incorporados. Também não há diferença substancial do relato de Dorothy Day, apesar de sua apresentação em termos teológicos mais explícitos. Isso não quer dizer que eles são idênticos. MacIntyre não é um pacifista, nem de maneira alguma um anarquista. Ainda assim, a crítica marxista de MacIntyre sobre os mercados e os Estados modernos, sua simpatia para com certo tipo de personalismo e localismo em política e seu aristotelismo tomista em filosofia indicam a possibilidade de explicar a vida e a obra de Dorothy Day e do Movimento Operário Católico não apenas em termos de fé, mas também no campo da razão. Em outras palavras, é possível apresentar um relato coerente e convincente de Dorothy Day e do Movimento Operário Católico, não apenas em termos de teologia, mas também de filosofia — apesar de em pontos cruciais ser uma filosofia de moral teológica e uma filosofia de teologia política, ou, usando um termo mais extravagante, uma filosofia da política de Jesus.[42]

Conclusão

Explicar a visão social de Dorothy Day e do Movimento Operário Católico em termos filosóficos e teológicos é importante, como afirmei na primeira parte deste texto, considerando que eles foram taxados de fideístas e sectários, e assim marginalizados. Os defensores de Dorothy Day e do Movimento Operário Católico ficaram em grande parte satisfeitos com essa classificação, alegando que essa era uma questão de fidelidade sobre efetividade, de Deus sobre César. Muito justo; isso é verdadeiro. Mas também é verdadeiro que Dorothy Day e o Movimento Operário Católico exemplificaram um estilo de vida que é atraente para muitos que não fazem parte do corpo de Cristo, a Igreja. Por quê? Porque a encarnação tem um apelo inerente para as pessoas, na virtude de elas terem sido criadas à imagem de Deus, atraídas para incorporar a boa vida e participar do bem. Um relato filosófico de Dorothy Day e do Movimento Operário Católico pode explicar isso no sentido de que todas as pessoas têm a capacidade de compreender e concordar em termos da razão. Aqueles que criticam Dorothy Day e o Movimento Operário Católico também vão precisar formular uma crítica em termos da razão. Em vez de se contentar em classificar Dorothy Day e o Movimento Operário Católico como "fideístas" e "sectários", eles vão ter de especificar como ela está errada sobre o Estado moderno, sobre a incontrolabilidade das guerras modernas e sobre os efeitos deletérios dos mercados modernos. Todos os proponentes terão, então, de mostrar como essas críticas são equivocadas com base na razão, como funcionam não como razão correta, mas como ideologia no sentido marxista. Esse é um tipo de disciplina necessário quando se trata de uma figura importante como Dorothy Day e o movimento que ela cofundou, o Movimento Operário Católico.

Explicar a revolução personalista de Dorothy Day e do Movimento Operário Católico nos termos da razão também traz vantagens por discutir sua relevância em ambientes social, político e economicamente diferentes, como a América Latina. Os registros mostram que ela acreditava que o Movimento Católico Operário estava relacionado com muito do que aconteceu na América Latina durante o século XX. Ela tinha muito a contribuir na atual discussão na Igreja sobre a opção pelos pobres, em minha visão. Mas também vejo a possibilidade de que sua concepção local e de pequena escala da sociedade, política e economia sejam consideradas irrelevantes em face dos problemas sociais que precisam ser enfrentados, por exemplo, no Brasil. A grande dimensão desses problemas foi evidenciada pelas demonstrações massivas que aconteceram em todo o país recentemente. Ainda assim, a maior parte das soluções, em minha opinião, terá de incluir respostas locais e em pequena escala para os imensos e exasperantes problemas, ou então estarão propensas a fracassar. Fornecer um relato filosófico da revolução personalista de Dorothy Day e do Movimento Operário Católico pode ser a base para uma discussão que precisa não estar limitada a soluções baseadas na fé ou na Igreja. Considerando os problemas enfrentados pelas sociedades dos Estados Unidos e do Brasil, os teólogos que buscam a liberação humana podem e devem buscar no que sabemos sobre a vida boa e as práticas e virtudes que nos permitem procurá-la e encontrá-la, no sentido de que todos possam dividir, nos termos da (correta) razão.

Notas

1 Uso a expressão "ética social católica" vagamente, referindo-me à reflexão acadêmica católica sobre a natureza da sociedade, política e economia nos Estados Unidos desde cerca de 1919 até o presente. Nas décadas após a Primeira Guerra Mundial, a maioria dos estudos foi feita sob os auspícios dos departamentos de filosofia, ou departamentos de sociologia, governo ou política, e economia ou comércio, de modo que foi profundamente influenciada por pressupostos e premissas filosóficas tomistas. Minha convicção é de que somente depois do Concílio Vaticano II, e, principalmente, na década de 1970, a "ética social católica" emerge como um campo acadêmico, e, geralmente, estava sob os auspícios dos departamentos de teologia, muitos dos quais eram relativamente recém-formados, pelo menos na maneira pela qual pensamos o departamento de teologia hoje. O que é necessário aqui é uma genealogia da frase e significado de "ética social católica".

2 Ao fazer essa generalização ampla, não quero ignorar ou encobrir as muitas variedades de tomismo durante esse período. Havia muitas variedades do to-

mismo, com diferenças e às vezes competindo por reivindicações filosóficas, incluindo se a filosofia pode ser considerada cristã, ou em que sentido. Porém, um elemento comum no âmbito do desenvolvimento do tomismo (ou tomismos), e uma premissa-chave dentro dos debates entre tomistas, foi o conhecimento de que o que sabemos pela fé não entra em conflito com o que sabemos pela razão, mesmo quando o que sabemos pela fé pode ir além do que podemos saber pela razão. Para informação sobre as variedades do tomismo na sequência da declaração sobre fé e razão no Concílio Vaticano I, *Dei filius*, e encíclica do papa Leo XIII *Aeterni patris*, consulte Gerald A. McCool, S.J. *Catholic theology in the nineteenth century*: the quest for a unitary method. Nova York: Seabury Press. p. 129-267, e McCool. *From unity to pluralism*: the internal evolution of Thomism. Nova York: Fordham University Press, 1989. Sobre os problemas filosóficos criados pela variedade dentro do tomismo, consulte Alasdair MacIntyre. *Three rival versions of moral enquiry*. Notre Dame: University of Notre Dame Press, 1988. p. 58-81.

3 Benjamin Peters. Nature and grace in the theology of John Hugo. In: Philip J. Rossi (Ed.). *God, grace, and creation*. Maryknoll: Orbis, 2010. p. 59-78.

4 Dorothy Day. *The long loneliness*. Nova York: Harper and Brothers. p. 84.

5 Ibidem, p. 253.

6 John Courtney Murray. *We hold these truths*. Nova York: Sheed and Ward, 1960. p. 175-196. Para saber mais sobre esse argumento de Murray, ver Joseph Komonchak. John Courtney Murray and the redemption of history: natural law and theology. In: J. Leon Hooper; Todd David Whitmore (Eds.). *John Courtney Murray and the growth of tradition*. Kansas City: Sheed and Ward, 1996. p. 60-81; ver especialmente p. 70-78.

7 Cf. Michael J. Baxter. Reintroducing Virgil Michel: towards a counter-tradition of catholic social ethics in the United States. *Communio*, n. 24, p. 499-528, outono de 1997.

8 Essa distinção entre uma abordagem agostiniana e outra tomista pode ser encontrada em Komonchak. John Courtney Murray and the redemption of history. Op. cit., p. 79-80.

9 David Hollenbach. *Claims in conflict*: retrieving and renewing the catholic human rights tradition. Mahwah, NJ: Paulist Press, 1979; Charles Curran. *American catholic social ethics*: twentieth century approaches. Notre Dame: University of Notre Dame Press, 1982. p. 172-232; Michael J. Himes e Kenneth R. Himes, O.F.M. *The public significance of theology*. Mahwah, NJ: Paulist Press, 1993; John Coleman. *An American strategic theology*. Mahwah, NJ: Paulist Press, 1982; Richard John Neuhaus. *The catholic moment*: the paradox of the church in the post-mo-

dern world. Nova York: Harpercollins, 1990; George Weigel. *Tranquillitas ordinis*: the present failure and future promise of American catholic thought on war and peace. Oxford: Oxford University Press, 1987; Consulte também George Weigel. The future of the John Courtney Murray project. In: R. P. Hunt; Kenneth L. Grasso, John Courtney (Eds.). *Murray and the American civil conversation*. Grand Rapids: Eerdmans. p. 19.

10 Veja, como exemplo, Curran. Ch., *American catholic social ethics*, Op. cit., p. 169; Weigel. *Tranquillitas ordinis*, Op. cit.; Kristin Heyer. *Public and prophetic*: the social witness of U.S. Catholicism. Washington, D.C.: Georgetown University Press, 2006; David Hollenbach. Social ethics under the sign of the cross. In: Harlan Beckley (Ed.). *The annual of the Society of Christian Ethics*. Washington, D.C.: The Society of Christian Ethics, 1996. p. 3-18. Para a comparação entre os "resistentes" e "*engagers*", consulte Margaret O'Brien Steinfels. The church and Benedict XVI: what can we hope for?. *Commonweal*, p. 12-14, 6 maio 2005).

11 Para uma genealogia dos termos "seita" e "sectárias", como entendido dessa tradição troeltschiana-niebuhriana, consulte Arne Rasmussen. *The Church as polis*: from political theology to theological politics as exemplified by Jurgen Moltmann and Stanley Hauerwas. Notre Dame: University of Notre Dame Press, 1995. p. 232-247.

12 Para um exemplo de como essa perspectiva troeltschiana-niebuhriana pode moldar uma narrativa histórico-acadêmica de *The Catholic Worker*, ver Mel Piehl. *Breaking bread*: The Catholic Worker and the origin of catholic radicalism in America. Filadélfia: Temple University Press, 1982. especialmente p. 120, 126, 132, 137-138, 142, 166, 238.

13 John Howard Yoder. *The politics of Jesus*: vicit agnus noster. Grand Rapids: Eerdmans, 1972.

14 D. Stephen Long. *Divine economy*: theology and the market. Londres: Routledge, 2000. Consulte especialmente seu argumento construtivo na parte 3 (p. 177-270).

15 William T. Cavanaugh. *Theo-political imagination*. Londres: T & T Clark, Ltd, 2002; Frederick Christian Bauerschmidt. *Julian of Norwich and the mystical body politic of Christ*. Notre Dame: University of Notre Dame Press, 1999.

16 Essa é uma afirmação simplista da tese ambiciosa, apresentada poderosa e incisivamente, em John Milbank. *Theology and social theory*: beyond secular reason. Cambridge, Mass.: Basil Blackwell, 1990. Cf. especialmente os Capítulos 8 e 12.

17 Stanley Hauerwas. *The peaceable kingdom*: a primer in social ethics. Notre Dame: University of Notre Dame Press, 1983. p. 99.

18 Para uma melhor compreensão de tal política alternativa baseada no pensamento de Furfey, ver Michael J. Baxter. Blowing the dynamite of the church: catholic radicalism from a catholic radicalist perspective. In: Michael Budde; Robert Brimlow (Eds.). *The church as counterculture*. Albany: University of New York Press, 2000. p. 195-212.

19 Michael J. Baxter. Reintroducing Virgil Michel. Op. cit., p. 510.

20 Dorothy Day. *The Long Loneliness*. Op. cit., p. 173.

21 George Lindbeck. *The nature of doctrine*: religion and theology in a postliberal age. Filadélfia: Westminster Press, 1984. p. 135.

22 Ver, como exemplo, Dorothy Day. *Selected writings*: by little and by little. Edição de Robert Ellsberg. Maryknoll: Orbis, 2005. p. 58-61, 81-85, 93-94, 98-104, 114-119, 235-253.

23 Para uma apresentação útil das pessoas cujas citações Day registrou em seu diário, cf. Margaret Quigley e Michael Garvey. *The Dorothy Day book*: a selection from her writings and readings. Springfield, IL: Templegate, 1982.

24 Por seu permanente respeito e admiração pelos da velha esquerda, que mantiveram a luta pela justiça, ver sua autobiografia (publicada em 1952): Dorothy Day. *The long loneliness*. Op. cit., p. 45-72, 163-166. Para exemplos de seu contínuo relacionamento com os colegas de trabalho da velha esquerda, consulte "Elizabeth Gurley Flynn: red roses for her" e "Mike Gold: farewell, old comrade" (Dorothy Day. *Selected writings*. Op. cit., p. 144-150). Para sua simpática apreciação da revolução em Cuba, cf. Dorothy Day. *Selected writings*. Op. cit., p. 298-311.

25 Dorothy Day. *The Long Loneliness*. Op. cit., p. 166.

26 Para as etapas de aprovação do personalismo de Mounier de Maurin, ver Peter Maurin. *Easy Essays*. Chicago: Franciscan Herald Press, 1977. p. 55, 105, 109-111, 116-117, 197-199. Pelas considerações de Dorothy Day sobre o personalismo de Maurin, cf. Dorothy Day (com Francis J. Sicius). *Peter Maurin*: apostle to the world. Maryknoll: Orbis, 2004. p. 123-136.

27 Essa consideração do personalismo é tomada em grande parte por Mark e Louise Zwick. *The Catholic Worker movement*: intellectual and spiritual origins. Nova York: Paulist Press, 2005. p. 133.

28 Mark e Louise Zwick. *The Catholic Worker movement*. Op. cit., p. 104-106.

29 Esse sumário de Mounier é tomado em parte por Frederick Copleston, S.J. *A history of philosophy*: Bergson to Sartre. Nova York: Image Books, 1977. v. 9, parte II, p. 106-110.

30 Peter Maurin. *Easy essays*, Op. cit., p. 116-117.

31 Dorothy Day. *The long loneliness*. Op. cit., p. 170.

32 Ibidem; Peter Maurin. *Easy essays*. Op. cit., p. 37, 44, 55, 66-67, 146.

33 Dorothy Day. *The long loneliness*. Op. cit., p. 170; Dorothy Day. *Selected writings*. Op. cit., p. 110, 236; Peter Maurin. *Easy essas*. Op. cit., p. 44, 66.

34 Sobre a importância de Aquino no catolicismo em meados do século XX, consulte Philip Gleason. *Contending with modernity*: catholic higher education in the twentieth century. Nova York: Oxford University Press. p. 19.

35 Passagens nas quais Maurin recomenda o trabalho de Maritain incluem Peter Maurin. *Easy essays*. Op. cit., p. 112, 129, 132, 143.

36 Jacques Maritain. *The person and the common good*. Notre Dame: University of Notre Dame Press, 1985.

37 Jacques Maritain. *Man and the State*. Chicago: The University of Chicago Press, 1951.

38 Os principais livros em que sua posição positiva é exposta são: Alasdair MacIntyre. *After virtue*. (Notre Dame: University of Notre Dame Press, 1984); Whose justice? Which rationality?. (Notre Dame: University of Notre Dame Press, 1988); e Three Rival Versions of Moral Enquiry (Notre Dame: University of Notre Dame Press, 1990). Um importante ensaio sobre essas questões é "Politics, philosophy, and the common good" (In: Kelvin Knight (Ed.). *The MacIntyre reader*. Notre Dame: University of Notre Dame Press. p. 235-252). O seguinte relato é retirado de: Alasdair MacIntyre. *Dependent rational animals: why human beings need the virtues* (Chicago: Open Court, 1999), em que MacIntyre desenrola sua compreensão sobre a vida social humana passo a passo.

39 Alasdair MacIntyre. *Dependent rational animals*. Op. cit., p. 119-128.

40 Ibidem, p. 124.

41 Ibidem, p. 123.

42 A frase "uma filosofia da teologia moral" é usada em Alasdair MacIntyre. "How can we learn what veritatis splendor has to teach". *The Thomist*, v. 58, n. 2, p. 171-94, 1994.

Dorothy Day: uma mística de olhos abertos

Maria Clara Lucchetti Bingemer

COMEÇAMOS NOSSA REFLEXÃO CITANDO A EXPRESSÃO DO TEÓLOGO Johann Baptist Metz que dá título a esta comunicação: mística de olhos abertos. Em seu livro de mesmo nome, Metz diz: "Velar, despertar, abrir os olhos": essa advertência sempre perpassa as afirmações bíblicas. Ela pode até valer como um imperativo categórico das tradições bíblicas. De acordo com isso, o cristianismo também deve ser, sobretudo, uma escola da visão, da observação exata, com a crença de que se pode equipar o ser humano com olhos bem abertos, com olhos para os outros, para aqueles que, no círculo dos rostos conhecidos, geralmente permanecem invisíveis."[1] Segundo ele, a "consciência" também é um conhecimento que se origina desse olhar vigilante, compassivo, e não existe sem ele. Em suma, o que diz o teólogo alemão é que, sem a tentativa de se encarar a face desafiadora da pobreza e o olhar sem sonhos e desejos dos infelizes, não há conhecimento possível com o outro, nem igualmente relação com ele ou ela.[2]

Mas ele nomeia ainda outro imperativo: "Não deverás criar imagens em teu pensamento", o qual, segundo ele, cria uma ética do convívio. Quem olha é igualmente olhado. E é preciso saber deixar-se olhar. E os outros olham. Assim como nos olham e nos enchem de alegria e paz as pessoas queridas, os amigos, os admiradores, "quem consegue suportar a torrente de olhares mudos, os inúmeros olhos da miséria que gritam aos céus ou nem gritam mais porque há muito essa miséria toda sufocou sua fala?";[3] a partir do momento em que as pessoas são "olhadas", surge um horizonte de responsabilidade por condições e situações não causadas por nós. Mas por elas somos responsáveis, uma vez que pertencemos à espécie humana e, sobretudo, por sermos cristãos, e Jesus, o Messias, olhou com especial atenção não apenas os mais próximos, mas justamente os outros, os estranhos, os sofredores. E seu olhar neles suscitou a grande esperança messiânica.

Metz parte da mística de olhos abertos ensinada e vivida por Jesus diante do sofrimento alheio e da dor humana. É esse espírito de compaixão que se apodera dos místicos contemporâneos e os faz ir, corajosamente, ao encontro dos conflitos políticos, sociais e culturais do mundo atual. Assim, a mística remeteria notoriamente — a fim de reivindicar sua autenticidade como experiência de Deus — para uma autoridade que é exigente e acessível a todos os homens, concretamente para a autoridade de quem sofre, e, antes de mais nada, dos que sofrem injusta e inocentemente. Essa autoridade dos que sofrem seria a autoridade interior de um *ethos* global, de uma moral mundial, que mobilizaria todos os homens, independentemente de qualquer ideologia, a qualquer entendimento. Uma moral que, por conseguinte, não pode ser posta de lado ou relativizada por nenhuma cultura e por nenhuma religião ou igreja. Toda verdadeira mística, hoje sobretudo após Auschwitz, não pode não ser inspirada por esse *ethos*. E uma política inspirada por esse *ethos* seria mais e diferente de uma pura executora das orientações do mercado, da técnica e de suas opressões objetivas em nossos tempos de globalização. Seria, portanto, mais humanizante.

Assim é, a nosso ver, a mística de Dorothy Day.

Ver a beleza na pobreza e na simplicidade

Nos anos jovens vividos em sua cidade, Chicago, Dorothy Day já tinha traços contemplativos em sua personalidade. Ao caminhar pelos subúrbios mais pobres e desolados da cidade, seu olhar era capaz de encontrar belezas insuspeitadas onde comumente só se veriam desolação e privação. Por exemplo, como um de seus biógrafos, Jim Forest, observou:

> [...] ela tem o dom de encontrar beleza em meio à desolação urbana. Ruas monótonas eram transformadas por odores pungentes: plantações de gerânio e de tomate, alho, azeite de oliva, torrefação de café, pão e bolos nos fornos das padarias. "Aqui", ela dizia, "existia beleza suficiente para me satisfazer."[4]

Dorothy Day também foi, desde sua mais tenra infância, apaixonada por essa forma de arte vital que é a literatura. As leituras realizadas em sua infância e juventude influenciaram muitíssimo o que foi sua vida depois da conversão. Leituras apaixonadas de grandes autores europeus, como os russos Fiodor Dostoiévski e Leon Tolstói, os franceses Georges Bernanos, François Mauriac, e mesmo o não tão conhecido Huysmans, o inglês Charles Dickens, os americanos Upton Sinclair e Jack Londres, entre outros, foram formando sua imaginação e sua rica sensibilidade estética.

Pelo fato de ser alguém que não podia viver sem escrever — essa talvez seja a melhor definição do que é um escritor —, Dorothy foi assimilando sempre mais profundamente as leituras que tanto a marcaram ao longo da vida e que a ajudaram a configurar o que seria sua mística e sua particular teologia, qual seja, sua leitura do mundo através do Evangelho. A maneira que tinha de cotejar as leituras literárias com as bíblicas[5] ou com os relatos de grandes místicos e místicas[6] mostra uma sensibilidade refinada para a criação literária, que vai, inclusive, ser pedagógica na maneira com que ela mergulha, cada vez mais radicalmente, em sua opção de amor e serviço aos pobres.[7]

Em um brilhante artigo, June O'Connor analisa a conversão cristã de Dorothy Day sob quatro aspectos: afetiva, cognitiva, moral e religiosa.[8] Ao analisar o aspecto cognitivo da conversão de Dorothy, a autora chama a atenção para o aspecto literário. A influência dos autores russos, sobretudo Dostoiévski, foi moldando seu imaginário, assim como a atração particular que sentia pela visão não institucional do cristianismo de Leon Tolstói. Esses fatores também foram, ao menos em parte, responsáveis por sua liberdade diante da instituição eclesiástica, com a qual teve raros momentos de harmonia.[9]

Ao mesmo tempo, O'Connor chama a atenção para o fato de que outros escritos, como os de Kropotkin, Upton Sinclair e Jack Londres, estimularam e deram suporte à empatia de Dorothy pelos pobres.[10] O'Connor, no entanto, vai afirmar que essa conversão, por ela chamada de *cognitiva*, não chegaria à sua forma plena senão após o encontro decisivo com Peter Maurin, o qual "ofereceu-lhe uma visão informada, histórica e teológica de sua recém-abraçada tradição de fé, que ela só então fez sua".[11]

Sob a orientação de Peter Maurin, Dorothy fez novas leituras, nas quais o pensamento social da Igreja era presença obrigatória. Tomás de Aquino, Jacques Maritain, Hilaire Belloc, G. K. Chesterton, Eric Gill, Vincent McNabb, entre outros, tornaram-se para ela leituras costumeiras. Cativada primeiramente pela visão de Maurin e, depois, fazendo sua própria síntese cognitiva, Dorothy Day vai poder então dar forma definitiva à sua vocação, no centro da qual estão seus dois grandes amores: Deus e os pobres.[12]

Dorothy Day sempre teve sua sensibilidade profundamente tocada pela situação de injustiça econômica e social que percebia a seu redor. Essa ferida em sua sensibilidade a levaria a uma resposta não apenas racional ou intelectual, como a de tantos outros pensadores de sua época.[13] Mas se traduziria, sim, por uma proximidade amorosa e mesmo apaixonada por aqueles e aquelas que são afetados por esse estado de coisas, e com quem Dorothy se identificaria de forma crescente, na medida em que caminhava sob o olhar de Deus. Como vemos, a literatura também teve um papel nesse processo.

Enquanto viveu em Chicago, no período de sua adolescência, Dorothy Day começou a ler livros que moviam sua consciência social e seu senso de justiça. O romance de Upton Sinclair, *The jungle*, foi muito inspirador para ela. Ao contrário dos livros sobre a injustiça social escritos por autores como Charles Dickens e Victor Hugo — autores que leu abundantemente —, essa era uma história situada no tempo presente. E não na Europa, mas na sua Chicago, nos currais e matadouros da cidade. O herói de Sinclair era um imigrante lituano, o único membro de sua família a não ser completamente destruído pela miséria e injustiça. Finalmente, ele se compromete a lutar por uma ordem social justa, inscrevendo-se no Partido Socialista.[14]

Sinclair tocou o coração de Dorothy Day com seu livro. Ela fez longas caminhadas nos bairros pobres da zona sul de Chicago. Era o começo de uma atração que duraria toda a sua vida pelas áreas que muitas pessoas evitam, juntamente com o desejo de estar próximo dos pobres. "Eu caminhava quilômetros, explorando ruas cinzentas intermináveis, fascinantes em sua sombria mesmice, passando taberna após taberna, onde eu imaginava cenas tais como a festa do casamento polonês da história de Sinclair."[15]

Com apenas 15 anos de idade, ela olhava o mundo com olhos abertos e um coração vulnerável que muitos de nós poderíamos invejar. Ponderando e refletindo sobre a vida das pessoas naqueles bairros oprimidos, vitimados pela injustiça e pela pobreza, embora ricos de tantas diferentes outras maneiras, ela tinha um sentido vívido de quem se tornaria, uma espécie de premonição de sua própria vocação, a qual entendia como inseparável da vida dos preferidos de Deus, os pobres. "A partir daquele momento minha vida teria que estar ligada à vida deles, seus interesses teriam que ser os meus: eu tinha recebido um chamado, uma vocação, uma direção na vida."[16]

Esse sentimento de identificação, essa sensibilidade e esse desejo de uma proximidade amorosa com os pobres vai crescer na medida em que crescem sua mística e sua vocação cristãs. Ela dirá, já uma jovem adulta, em sua primeira experiência na prisão:

> Quando escrevi pela primeira vez estas experiências, escrevi ainda mais fortemente sobre minha identificação com os que estavam à minha volta. Eu era aquela mãe cuja filha havia sido estuprada e assassinada. Eu era a mãe que deu à luz o monstro que havia feito aquilo. Eu era mesmo aquele monstro, sentindo em meu próprio seio cada abominação.[17]

Tudo isso diz muito sobre o sentido de pertença, que é um dos selos identificadores de sua mística: sentir-se à vontade em meio aos últimos da Terra, sentir que, onde estivessem os pobres, ali seria seu lugar, ali ela deveria estar, ali era o lugar onde teria de estar e permanecer. Por ser ali o lugar onde Deus desejava que estivesse.

Uma sensibilidade social à frente de seu tempo

A sensibilidade social de Dorothy Day tem traços extremamente atuais, que dizem muito sobre seu nível de consciência, à frente de seu tempo. Sem jamais apresentar uma tendência assistencialista ou alienante em seu amor pelos pobres, para ela sempre é muito claro que há de se estar junto a eles, com eles, mas lutando incessantemente contra a pobreza. Para ela, nunca foi claro que uma caridade assistencialista fosse suficiente. Não era o bastante assistir as vítimas da injustiça social; era necessário, além disso e inseparavelmente, trabalhar para atingir e destruir as causas das desordens sociais.

Essa reflexão lhe vinha constantemente, contemplando a situação de miséria e mesmo os recursos postos pelo Estado e pela Igreja para remediá-los. Por exemplo, constata que havia creches à disposição das mães trabalhadoras onde elas podiam deixar seus filhos. "Mas por que", perguntava, "os pais não ganhavam dinheiro suficiente para cuidar sozinhos do sustento de suas famílias, de maneira que as mães não necessitassem trabalhar?"[18]

A partir de questões concretas como essa, sua sensibilidade se sente muito tocada, aguçada e questionada. E a resposta que lhe é inspirada é nitidamente uma resposta evangélica e não puramente intelectual ou materialista. "Onde", ela se pergunta, "estarão os santos a fim de transformar a ordem social, não apenas para serem ministros religiosos para os escravos, mas para acabar com a escravidão?"[19] Questões como a justiça e a transformação das estruturas sociais, consideradas pela Igreja de seus jovens anos como alheias à busca de uma Salvação individual pelo crescimento espiritual, separado da responsabilidade pela organização do mundo, a habitam desde sempre. Não basta lutar contra os efeitos da pobreza. Esta é um mal e deve ser extirpada. Para isso há de se transformar a sociedade pela raiz. Essas reflexões mostram que Dorothy Day, na vivência de sua mística, recebe de Deus inspiração e conhecimento que a colocam à frente das mais avançadas reflexões dos católicos de seu tempo.

Essas reflexões que se multiplicam por todos os seus escritos mostram-na como pioneira de movimentos que emergiriam apenas posteriormente na Igreja. A consciência do pecado social e da necessidade de soluções estruturais em vez de simples paliativos está muito presente, por exemplo, na Teologia da Libertação, que explodiu com grande força na Igreja latino-americana nos anos 1970. Para além da crítica aguda, com claros elementos marxistas, Dorothy Day sempre teve, como se pode constatar, um sentido profundo da Graça de Deus e da gratuidade de seu amor como origem de todo bem que os seres humanos são capazes de praticar neste mundo. Sua sensibilidade social era também e inseparavelmente uma imensa sensibilidade espiritual.

Uma mística entrelaçada com a política

Dorothy Day sempre esteve à frente das mais progressistas reflexões de seus contemporâneos católicos.[20] Sua práxis, presente em seus escritos, revela uma constante oração e uma sistemática reflexão, demonstrando que ela já antecipava movimentos que emergiriam somente muito mais tarde na Igreja. A necessidade de soluções políticas e estruturais — antes que paliativas e fragmentadas — emergiu na Teologia da Libertação, a qual inspirou a Igreja latino-americana durante os anos 1970, como já dito. O Catholic Worker Movement (CWM), de Dorothy Day, criado com Peter Maurin, não era simplesmente uma instância cívica ou política, mas uma atitude espiritual, e o fruto de uma leitura radical dos Evangelhos. Como ela mesma afirma:

> Que direito temos qualquer um de nós à segurança quando os pobres de Deus estão sofrendo? Que direito eu tenho de dormir em uma cama confortável quando tantos estão dormindo à sombra dos edifícios aqui na vizinhança do escritório do Catholic Worker? Que direito temos de ter comida quando tantos estão famintos, ou à liberdade quando há tantos líderes operários na prisão?[21]

Para Dorothy Day não era bastante pregar contra a pobreza a partir de algum outro lugar. Ela acreditava ser necessário experimentar a pobreza a partir de dentro, porque essa era a única maneira de desenvolver a verdadeira solidariedade para com os pobres, abraçando seu mesmo destino. Esse tipo de solidariedade era essencial para o compromisso cristão:

> Necessitamos sempre pensar e escrever sobre a pobreza, pois, se não estamos entre suas vítimas, sua realidade desaparece de nossa vista. Devemos falar sobre a pobreza, porque pessoas isoladas por seu próprio conforto perdem o sentido dela... Talvez a ninguém possa ser dito, talvez as pessoas tenham que experimentá-lo.[22]

O Catholic Worker Movement: o fruto da mística de Dorothy Day

Para alguns pesquisadores, o CWM é considerado algo que encarna uma Teologia da Libertação implícita, no contexto estadunidense.[23] Um movimento de mais de 80 anos de existência, o CWM reivindica a pobreza voluntária, a não violência, a prática diária das obras de misericórdia e a busca de uma autêntica libertação do pecado pessoal e social: uma conversão de corações e uma transformação das estruturas.[24]

Como cofundadores do CWM, os objetivos de Dorothy Day e Peter Maurin eram "criar uma sociedade na qual seria mais fácil ser bom".[25] Para esse fim, o pequeno jornal, chamado *The Catholic Worker*, teve papel importante para atingir aqueles que foram mais afetados pela desumanização e pela injustiça.[26] Nos anos 1930, quando o CWM começou, as mais fortes preocupações eram o desemprego massivo e a terrível pobreza causada pela Grande Depressão. Mesmo após a mudança dos desafios, o movimento continuou, em testemunho fiel de e em solidariedade para com os trabalhadores pobres marginalizados pela sociedade: por meio de greves, lutas sindicais, protestos contra guerras e prisões injustas. Para Dorothy Day, essas ações eram equivalentes a testemunhar e proclamar os Evangelhos.[27] O CWM aspirava viver o compromisso cristão radical,[28] a fim de criar uma nova sociedade "dentro da casca da velha".[29] Entre as críticas do movimento estavam: distribuição injusta da riqueza; organização política do governo; imagens distorcidas da pessoa humana causadas por classe, raça e restrições de gênero; e a corrida armamentista.[30] O movimento falava em favor de seres humanos, uma sociedade descentralizada, atos de não violência, obras de misericórdia e pobreza voluntária.[31]

Os pobres estão no centro do CWM, como estiveram para sua fundadora, Dorothy Day: "Enquanto nossos irmãos sofrem, devemos ter compaixão deles, sofrer com eles. Enquanto nossos irmãos sofrem por necessidades básicas, nos recusaremos a desfrutar de confortos."[32] Encontros concretos diários com os pobres se tornaram o "áspero e terrível amor" sobre o qual ela frequentemente falou.[33] Ela escreveu sobre

> [...] a amargura dos pobres, que enganam um ao outro, exploram um ao outro mesmo quando eles são explorados, que desprezam um ao outro, mesmo quando eles são desprezados. E deve-se por acaso esperar que virtude e expoliação andem juntas? Não... eles são os destituídos de todas as maneiras. Destituídos deste mundo. Eles necessitam tão mais que nós não podemos separar as obras de misericórdia e dizer: Eu vou praticar esta ou aquela obra de misericórdia. Nós constatamos que todas vão juntas.[34]

Sua concepção sobre o serviço aos pobres antecipa a Teoria da Libertação, que concebe o Deus da Revelação judeu-cristã como um Deus "parcial", que "prefere" os pobres.[35] Como Pai amoroso, Deus se aproxima daqueles que estão mais necessitados: os pobres, os órfãos, a viúva, o estrangeiro.[36] Ele sustenta aqueles que não têm ninguém que fale por eles. Isso é o que o CWM quer imitar. É nesse encontro diário que o CWM nasceu, em gestos pequenos e concretos, como escrever um jornal e distribuí-lo por um centavo, ou dando boas-vindas aos que estão em necessidade em volta de café quente e abrigo. Essas ações teriam impacto além do tempo e espaço em que eram praticadas. Décadas depois, a Igreja latino-americana, por meio da Teoria da Libertação, as fez visíveis novamente. Antes de esses teólogos fazerem suas reflexões, Dorothy Day e Peter Maurin combinaram uma filosofia do comportamento com a ação concreta, inspirada pela teologia do amor encarnado.[37] Os pontos comuns entre o legado de Dorothy Day e a reflexão teológica que nasceu e cresceu na América Latina após o Concílio Vaticano II são notáveis.

A construção da paz, a espiritualidade e a eclesialidade
Mas são dignas de nota igualmente algumas diferenças entre sua mística e a da Teoria da Libertação. Há pontos críticos nesta última que diferem da maneira pela qual Dorothy Day concebe a mística e a prática cristãs.

A questão da não violência: Dorothy Day era uma fiel, constante e respeitável construtora da paz. Nos dias de hoje, quando quase todos os países latino-americanos estão experimentando o triste espetáculo de sua juventude assassinada pela violência como fruto amargo das drogas, do narcotráfico, das gangues, dos cartéis etc., e a resposta frequente dos sistemas de governo se dá com mais violência, a teimosa fidelidade de Dorothy Day ao Evangelho de Jesus e ao Sermão da Montanha merece importante atenção. A melhor posição para ela — sem concessões à radicalidade do compromisso — será sempre a do perdão e da reconciliação.

A centralidade da espiritualidade: Dorothy Day era uma mulher de ação, mas era também e inseparavelmente uma contemplativa. Por causa disso, sua ação era tão abençoada, tão coerente e fecunda. Quando a tentação é buscar soluções puramente "seculares", o testemunho de Dorothy Day recorda que a *única* fonte de verdadeira libertação é Deus, e tudo que for feito tem de encontrar suas raízes Nele, e em nenhum outro lugar ou instância.

Uma criativa fidelidade à Igreja: Dorothy Day era uma mulher livre, mas era igualmente uma católica fervorosa e fiel. A *última* coisa que desejaria seria brigar com sua Igreja e estar separada dela. Por causa disso, viveu momentos difíceis, quando sua consciência foi confrontada com a hierarquia eclesiástica.[38] Mas permaneceu resoluta, fiel, humilde, embora livre.[39] E hoje essa mesma Igreja leva adiante seu processo de canonização.

Conclusão: uma mística para os dias de hoje

Mesmo antes de sua conversão e seu batismo na Igreja Católica, não se pode dizer que Dorothy Day não tivesse uma profunda sensibilidade espiritual. Chegam a ser comoventes seus relatos de como sente o impulso interior de louvar a Deus, afirmando que o louvor é o ato mais profundo e belo que um ser humano pode realizar.[40]

Dorothy Day desejava realmente fazer acontecer uma revolução do coração. Mais: acreditava que a única verdadeira revolução nasceria de um coração convertido e tocado pela Graça divina. Essa foi sua experiência, e essa era a única experiência que ela considerava válida para transmitir aos que dela se aproximavam.

Em *The Catholic Worker*, Dorothy Day viveu uma vida de fidelidade à revelação consignada na Escritura, praticando voluntária e radical pobreza,[41] dedicada às obras de misericórdia e à luta pela justiça e a paz. Seu pacifismo é uma das características mais fortes de sua mística e militância. Escreveu importantes textos denunciando a guerra, sob todas as suas formas e todo modo de violência, que contradiz o Evangelho em sua raiz.[42] Pode-se dizer que ela foi alguém que viveu e praticou radicalmente aquilo que o papa Paulo VI expressa de maneira tão forte em 1974 em sua encíclica *Populorum progressio*: a justiça e a paz caminham de mãos dadas.[43]

Muitas das posições que abraçou, com o risco da própria integridade física e da própria vida, foram proféticas e revolucionárias, mas sempre emanadas do coração do Evangelho e do exemplo dos santos, tais como São Francisco de Assis e Santa Terezinha de Lisieux.[44] Militante, ativista, mas sempre encontrando sua fonte no Evangelho de Jesus, essa foi a longa vida de Dorothy Day.

Sua ação era entendida por ela como o fruto da ação de Deus em seu interior. Eis a razão por que, em seus anos de maturidade, fez muitos retiros e realçou a enorme importância da oração diária e da vida sacramental para um crescimento consistente da vida cristã. Apaixonada pelo projeto do Reino de Deus anunciado e proposto por Jesus de Nazaré, Dorothy Day foi consciente, desde o início de sua conversão, de forma crescente e sempre mais profunda, da necessidade de viver essa justiça e essa paz primeiramente dentro de seu coração para só então tentar comunicá-la aos outros.

Em seu livro *From Union Square to Rome*,[45] dirigido a seus irmãos e irmãs comunistas de credo e de práxis, dos quais depois se separou em razão de sua conversão, mas dos quais sempre se sentiu muito próxima, ela escreve belas palavras. É surpreendente ver sua coragem ao defender a primazia do espiritual sobre o material:

> Eu sentia esse desespero enquanto estava ali, na prisão, por quinze dias, contemplando a fundamental miséria da existência humana, uma miséria que permaneceria mesmo se a justiça social fosse alcançada e um estado de utopia prevalecesse. Pois não se pode caminhar pelo chão de

uma cela com grades, ou deitar suas costas em um catre duro olhando uma réstia de luz do sol viajar devagar, oh, tão devagar, através da cela, sem realizar e levar em conta que até que o coração e a alma da humanidade sejam transformados, não há esperança de felicidade para nós.[46]

Notas

1 J. B. Metz. *Mística de olhos abertos*. São Paulo: Paulus, 2013. p. 58.

2 Ibidem, p. 60.

3 Ibidem.

4 Forest. *Love is the measure*: a biography of Dorothy Day. Nova York: Orbis, 1994.

5 Conferir, em *The long loneliness*, as narrativas da prisão.

6 Leitora de Santa Teresa de Ávila e de Santa Teresinha de Lisieux, de São João da Cruz e de Simone Weil. Cf. Miller. *All is grace*: the spirituality of Dorothy Day. Nova York: Doubleday, 1987.

7 Cf. Brady. Dorothy Day: a love of fiction and her love of the poor. *Religious Education*, v. 105, p. 2, primavera de 2010.

8 O'Connor. Dorothy day's Christian conversion. *The Journal of Religious Ethics*, v. 18, n, 1, p. 159-180, primavera de 1990.

9 Ibidem, p. 165.

10 Ibidem. Ver também Brady, op. cit., sobre o mesmo tema, afirmando inclusive que, para uma formação pela verdadeira opção pelos pobres, seguindo o exemplo de Dorothy Day, se deveriam usar textos literários.

11 Ibidem, p. 166.

12 Ibidem.

13 Pensamos aqui em Simone Weil, Egide van Broeckhoven, entre outros.

14 Forest. The living legacy of Dorothy Day. Disponível em: <http://www.uscatholic.org/culture/social-justice/2009/02/the-living-legacy-dorothy-day>. Acesso em: 21 out. 2010.

15 Dorothy Day. *The long loneliness. The autobiography of Dorothy Day*. Nova York: Images, 1959. p. 40.

16 Ver *The long loneliness*. Op. cit., p. 37.

17 Ibidem, p. 78.

18 Ibidem, p. 70.

19 Ibidem.

20 Por exemplo, Jacques Maritain, que não concebia a inserção radical como parte constitutiva no serviço aos pobres, como ela o fazia.

21 Robert Ellsberg. *Selected writings*. Nova York: Orbis, 2003. p. 69-70.

22 Ibidem, p. 106.

23 Cf. Joe McKenzie-Hami. *To afflict the comfortable and comfort the afflicted*. Nova York: Fordham University, 31 maio 1986. p. 60. [M.A. thesis].

24 Ibidem, p. 61.

25 Thomas C. Cornell, Robert Ellsberg e Jim Forest (Eds.). *A penny a copy*: readings from the Catholic Worker. Nova York: Orbis, 1995. p. xiii.

26 Ver a edição do *The Catholic Worker* de maio de 1933: "Para aqueles que estão sentados nos bancos do parque sob a luz morna da primavera. Para aqueles que estão tentando escapar da chuva..." etc.

27 Cf. R. Ellsberg. *Dorothy Day*: selected writings. Nova York: Orbis, 1992. p. xvi.

28 Segundo P. Maurin, ser radical é ir até as raízes de um problema, iluminando-o com a revelação e a tradição cristãs.

29 Peter Maurin. *Easy essays*. Chicago: Franciscan Herald, 1984. p. 109.

30 A posição de Dorothy Day e a do movimento podem ser classificadas como anarquismo cristão. Esse é um movimento nascido e configurado em filosofia política e teologia política. Sua crença é de que há apenas uma fonte de autoridade à qual os cristãos estão ultimamente submetidos, a autoridade de Deus tal como encarnado em Jesus de Nazaré. O pacifismo é uma das características desse movimento. Assim também a rejeição à guerra de qualquer espécie. Leo Tolstói — autor que ela leu desde sua juventude — é uma fonte inspiradora disso. Os anarquistas cristãos denunciam o Estado como violento, decepcionante e, quando glorificado, uma forma de idolatria.

31 Cf. Joe MacKenzie-Hami. Op. cit., p. 64.

32 Cf. Stanley Vishnewski. *The Dorothy Day book*. Nova York: Paulist Press, 1970. p. 52.

33 "O amor em ação é uma coisa áspera e terrível comparado ao amor em sonhos" é uma frase escrita por Dostoiévski nos *Irmãos Karamazov* pela boca do personagem Staretz Zosima, que teve influência sobre Dorothy Day e foi por ela frequentemente citada. Cf. J. Forest. A harsh and dreadful love: Dorothy Day's witness to the gospel. Disponível em: <http://www.jimandnancyforest.com/2005/01/09/a-harsh-and-dreadful-love/>. Acesso em: 1º mar. 2012. Ver também o livro de W. Miller. *A harsh and dreadful love*. Milwaukee: Marquette, 2005.

34 Cf. Robert Ellsberg. Op. cit., p. 100.

35 Ver Ronaldo Muñoz. *O Deus dos cristãos*. Petrópolis: Vozes, 1985.

36 Cf. Is 1, 17-23; Jer 7,3; 49,11; Ez 22,7.25; Zac 7,10; Mal 3,5.

37 Cf. Joe Mackenzie-Hamo. Op. cit., p. 80.

38 Cf. sua própria autobiografia e as obras de seus biógrafos: *The long loneliness*: the autobiography of Dorothy Day. Nova York: Image Books, 1959; W. Miller. *Dorothy Day*: a biography. São Francisco: Harper and Row, 1982; e Jim Forrest. *Love is the measure*: a biography of Dorothy Day. Nova York: Orbis, 1994.

39 Pode-se ver nela a encarnação da regra de Santo Inácio nos *Exercícios espirituais* sobre o sentir com a Igreja: "*13ª regla. Debemos siempre tener para en todo acertar, que lo blanco que yo veo, creer que es negro, si la Iglesia hierárchica assí lo determina, creyendo que entre Christo nuestro Señor, esposo, y la Iglesia su esposa, es el mismo spíritu que nos gobierna y rige para la salud de nuestras ánimas, porque por el mismo Spíritu y Señor nuestro, que dio los diez Mandamientos, es regida y gobernada nuestra sancta madre Iglesia.*"

40 Cf. Forrest. Disponível em: <http://webcache.googleusercontent.com/search?q=cache:4YymwksEDOMJ:www.catholicworker.org/dorothyday/ddbiographytext.Cf.m%3Fnumber%3D72+Dorothy+Day%2B+It+was+clear+to+her+that+worship&cd=1&hl=pt-BR&ct=clnk&gl=br&source=www.google.com.br>. Acesso em: 30 maio 2011.

41 Vestia-se com as roupas doadas para os pobres aos quais atendia, às vezes pertencentes a indigentes enfermos que morriam em hospitais públicos. Cf. o comentário que ela mesma faz sobre o cheiro que permanece em tais vestimentas em *All is grace*.

42 Cf. numerosos textos do jornal *The Catholic Worker*, além de ensaios mais volumosos, cartas e outros escritos. Cf. a bibliografia completa em: <http://www.marquette.edu/library/archives>.

43 Cf. *Populorum progressio*, especialmente n. 32.

44 Sobre a identidade entre Dorothy Day e Teresa de Lisieux, cf. Casarella. Sisters in doing the truth: Dorothy Day and St. Therese de Lisieux. *Communio*, n. 24, p. 468-498, 1997. Ver, além disso, o livro sobre Teresinha escrito pela própria Dorothy: *Therese*. Springfield, IL: Templegate Pub, 1979.

45 *From Union Square to Rome*. Silver Spring: Preservation of the Faith Press, 1940.

46 Ibidem, p. 156.

"Nós somos os culpados pela guerra": Dorothy Day sobre violência e culpa no Corpo Místico de Cristo

William Cavanaugh

QUANDO AS FORÇAS ALEMÃS CRUZARAM A FRONTEIRA DA POLÔNIA EM 1º de setembro de 1939, o mundo há muito já estava em alerta para o início de uma "guerra mundial" muito mais séria na Europa. A ascensão do fascismo na Itália e a particularmente virulenta ideologia expansionista nazista fizeram com que a guerra parecesse muito mais provável sob o olhar dos países Aliados. Imagine a surpresa dos leitores norte-americanos quando o jornal *The Catholic Worker*, em sua edição de setembro de 1939, colocou a culpa da guerra em alguém além de Hitler, alguém muito mais perto de casa: a manchete era "Nós somos os culpados pela nova guerra na Europa". O artigo que se seguia explicava:

> A culpa está nos povos de todo o mundo, por seu materialismo, sua ganância, seu nacionalismo idólatra, por sua recusa em acreditar em uma paz justa, por sua cruel submissão de um país nobre [...]. Hitler é incidental; a guerra teria chegado mais cedo ou mais tarde sob estas circunstâncias.[1]

Aqueles que procuram o motivo pelo qual o *Catholic Worker* perdeu quase 75% de seus leitores durante a Segunda Guerra Mundial não precisam procurar além desse artigo.

Apesar de o artigo se referir aos povos do mundo na terceira pessoa, sua verdadeira força vem do "nós" no título. O pacifismo absoluto de Dorothy Day e do que restou do Movimento Operário Católico durante a Segunda Guerra Mundial se baseava na concepção de "nós", de que todas as pessoas são membros ou potenciais membros do mesmo corpo, o Corpo Místico de Cristo. Ir à guerra, sob essa concepção, era tão inconcebível quanto as mãos de um corpo humano pegarem em uma serra para cortar seus próprios pés. Esse aspecto do pensamento de Dorothy Day é bastante conhecido. Menos conhecida é a aplicação da doutrina do Corpo Místico de Cristo para as causas da guerra. Se somos todos membros do mesmo corpo, não é tão fácil separar os culpados dos inocentes. A comutabilidade da dor em um corpo também implica a comutabilidade da culpa, na divisão da culpa pelo conflito para o qual Dorothy Day viu o Corpo Místico como solução. É precisamente por essa razão que Day costumava aconselhar a penitência como antídoto para a guerra; penitência não só por *eles*, mas por *nós*.

Uma das razões pelas quais esse tema da culpa compartilhada é tão importante para compreender Dorothy Day e o Movimento Operário Católico é que ele corrige um estereótipo comum do Movimento Operário Católico como um movimento perfeccionista e sectário que tenta exigir das pessoas um padrão de comportamento muito superior ao que a pessoa comum é capaz de alcançar. O Movimento Operário Católico é considerado pela tipologia de Ernst Troeltsch como uma "seita", um agrupamento dos poucos que são suficientemente puros para viver de acordo com o Sermão da Montanha. Pobreza voluntária, serviço sacrificial para os outros e abstinência de todo tipo de violência seguem os nobres ideais de Jesus, mas concernem apenas a uma elite espiritual, e, portanto, são inspiradores, mas em última instância têm pequena relevância histórica direta para a vida no mundo real. Se a renúncia à violência, no entanto, não é um ato de perfeccionismo, mas de penitência pela própria culpa e cumplicidade pelos males do mundo, então o pacifismo não é uma afirmação da própria virtude, mas um humilde reconhecimento de que não somos suficientemente bons para usar a violência de modo correto.

Começarei por examinar algumas críticas ao perfeccionismo cristão e à não violência na ética cristã contemporânea. Em seguida, explorarei os temas do pacifismo e do Corpo Místico de Cristo nos escritos de Dorothy Day, e mostrarei como a penitência tem papel integral na vida do corpo.

1. Pacifismo e perfeccionismo

Uma das formas-padrão de ler sobre Dorothy Day e o Movimento Operário Católico é colocá-los em uma tipologia que enaltece sua pureza, mas questiona sua habilidade de encarar de forma realista os problemas do mundo. O trabalho do famoso historiador David J. O'Brien é típico sob esse aspecto. Em um artigo intitulado "Join it, work it, fight it:

American catholics and the catholic way" ("Una-se, trabalhe, combata: os católicos americanos e a maneira católica"), O'Brien identifica três estilos de catolicismo nos Estados Unidos que correspondem à trilogia do título do artigo. O catolicismo "republicano" procura se juntar ao sistema, trabalhando dentro dos canais políticos normais de uma democracia pluralista para promover o bem comum. O catolicismo "imigrante" vê a América como território hostil e busca trabalhar o sistema para sua relativa vantagem. O catolicismo "evangélico" procura julgar os Estados Unidos baseando-se diretamente nos critérios do Evangelho e com isso lutar contra as muitas injustiças do sistema.

Para O'Brien, "o Movimento Operário Católico representou o aparecimento de um estilo evangélico no catolicismo americano".[2] Ele admira o dinamismo do movimento, sua habilidade de resistir à fácil acomodação ao poder americano — como no modelo republicano — e seu movimento em direção a algo além do restrito egoísmo do estilo imigrante. Apesar disso, para O'Brien esse mesmo "perfeccionismo" e as tendências "puristas"[3] que ele admira o levam a classificar o movimento como marginal e ineficaz. "A fraqueza da abordagem evangélica é que, ao definir problemas e soluções em termos cristãos, seus proponentes acabam marginalizados no grande debate público."[4] De acordo com O'Brien, problemas sociais se entrecruzam com políticas governamentais, e em uma sociedade plural simplesmente não se pode argumentar em termos explicitamente cristãos.

> Sozinho, então, o catolicismo evangélico desafia a Igreja, mas limita seuΩ e dá um curto-circuito no senso de responsabilidade para a vida comum, tendendo para um perfeccionismo, ou mesmo um sectarismo apocalíptico, que questiona a legitimidade de todas as instituições seculares, desvaloriza a cidadania e reduz a importância moral do trabalho, política e vida comunitária.[5]

O Movimento Operário Católico pode fomentar pequenas comunidades utópicas de testemunhas do Sermão da Montanha, mas não consegue tratar da vida comum de modo efetivo. Para O'Brien, o apelo de Dorothy Day ao Corpo Místico de Cristo tem o efeito oposto ao que Day pretendia: em vez de enfatizar a responsabilidade de todos, seu perfeccionismo acaba por "dar um curto-circuito" nessa responsabilidade para a vida comum. A inflexível atitude pacifista de Day em relação à Segunda Guerra Mundial, por exemplo, apenas deixou a ela e ao que restava de seu movimento isolados do restante da Igreja e da nação.

Em todo o artigo de O'Brien e em seu trabalho em geral, "perfeccionismo", "purismo", "utopianismo" e, acima de tudo, "sectarismo" são opostos a "mediação", "responsabilidade" e "vida normal". O'Brien invoca a distinção de Max Weber entre uma "política de fins últimos", a qual ele associa a Dorothy Day, e uma "política de responsabilidade", que segundo ele tipifica o estilo republicano.[6] Weber é, certamente, o primeiro a desenvolver a distinção entre Igreja e seita em um sentido sociológico, para distinguir entre diferentes tipos de pertencimento a comunidades cristãs, seja por nascimento (Igreja), seja por escolha (seita).[7] A distinção Igreja-seita se encaixava na tentativa de Weber de explicar a suposta racionalização e o desencantamento do Ocidente pelo cristianismo. Ernst Troeltsch, colega e amigo de Weber, desenvolveu a famosa distinção Igreja-seita de modo a rastrear até que ponto um grupo cristão se acomodava às normas da sociedade em voga ou mantinha um comprometimento com a perfeição do Evangelho.

> A Igreja é daquele tipo de organização esmagadoramente conservadora, que até certo ponto aceita a ordem secular e domina as massas; em princípio, portanto, é universal, ou seja, tenciona cobrir toda a vida da humanidade. As seitas, por outro lado, são grupos comparativamente menores; aspiram perfeição interior e pessoal e almejam um companheirismo direto entre os membros de cada grupo.[8]

Perfeição sectária, no entanto, não é o mesmo que os "conselhos evangélicos" da Igreja medieval, pelos quais monges e outros religiosos deviam seguir padrões mais elevados.

> Não é a façanha heroica e especial de uma classe especial, restrita por sua própria natureza a instâncias particulares, nem a negação dos sentidos a fim de promover um nível mais alto da vida religiosa; é simplesmente um afastamento do mundo, uma redução do prazer mundano ao mínimo, e o mais alto desenvolvimento possível da irmandade no amor.[9]

Troeltsch contrapõe o ascetismo sectário, que se baseia no cristianismo primitivo e no Sermão da Montanha, ao ascetismo "da Igreja e da vida contemplativa".[10] Como O'Brien, Troeltsch escreve que o que os sectários ganham em termos de "intensidade da vida cristã" perdem em termos de "espírito do universalismo".[11]

A investida do sectarismo estreito é a lente primária na qual as críticas dos seguidores de Dorothy Day em ética cristã têm se apoiado. Em particular, o teólogo pacifista Stanley Hauerwas e seus alunos afirmaram ter sido influenciados por Dorothy Day e foram criticados por uma tendência ao perfeccionismo que relega o Evangelho às margens do debate sobre o bem comum. Em sua reconstrução da Teologia da Libertação, por exemplo, Ivan Petrella foca o movimento "radical ortodoxo", sob o qual ele indiscriminadamente reúne Stanley Hauerwas e John Milbank e seus alunos. O que eles tendem a ter em comum com Dorothy Day é uma política centralizada na Igreja, e não no Estado, e um compromisso com a prioridade ontológica da não violência sobre a violência (apesar de Milbank não ser pacifista e ter veementemente discordado de Hauerwas nesse ponto). Petrella foca sua crítica no livro *Liberation theology after the end of history*[12] (Teologia da libertação após o fim da história), de Daniel Bell. Bell é aluno de Hauerwas, e o livro foi publicado na série Radical Orthodoxy (Ortodoxia Radical) de Milbank. No livro, Bell tenta reconstituir uma Teologia da Libertação que resista ao capitalismo não ao apreender o poder do Estado, mas ao ver as comunidades de base da Igreja como políticas alternativas. O capitalismo tem um desejo malformado, e as comunidades da Igreja têm a habilidade de reformar esse desejo. Elas o fazem, afirma Bell, ao decretar a prioridade do perdão sobre a justiça, o que implica uma dedicação à não violência. A Igreja tem de entrar em sofrimento, esperando quebrar o ciclo de violência ao decretar o perdão.

Não tenho espaço aqui para fazer uma exposição e avaliação completa do argumento de Bell. Meu propósito é mostrar que Petrella descarta Bell com o mesmo tipo de crítica ao perfeccionismo que O'Brien faz a Dorothy Day. Segundo Petrella, a "ortodoxia radical" está infectada por uma visão dualista da história, na qual a *Civitas terrena* e a *Civitas Dei* se opõem uma à outra. A primeira, representada pelo capitalismo, pela sociedade civil e pelo Estado, está absolutamente corrupta. "A Igreja, por outro lado, está blindada da corrupção pelo 'Espírito.'"[13] Para Petrella, esse perfeccionismo marca "o mero abandono da sociedade maior ao capitalismo opressivo", porque desiste de dar "conteúdo institucional" aos projetos históricos de libertação.[14] Bell abandona a responsabilidade pela sociedade como um todo para fomentar comunidades puras, mas marginalizadas, a salvo da corrupção do mundo.

2. O Corpo Místico, violência e penitência

Novamente, meu propósito aqui não é fazer uma completa exposição e avaliação dos argumentos de Petrella, apenas mostrar que a investida ao perfeccionismo é frequentemente a lente pela qual Dorothy Day e aqueles que ela influenciou são marginalizados na ética cristã contemporânea. Essa investida é justa? Nesta parte, examinarei o compromisso de Dorothy Day com a não violência sob uma lente diferente. Espero mostrar que o pacifismo dela não se originava de um perfeccionismo sectário, mas de um profundo senso de culpa compartilhada por todos — inclusive ela e sua comunidade do Movimento Operário Católico — e a necessidade, portanto, da não violência como um tipo de penitência.

Ocasionalmente, Dorothy Day se referiu aos conselhos evangélicos ao se opor ao uso de violência. Ao esclarecer a recusa do Movimento Operário Católico em apoiar qualquer um dos lados na Guerra Civil Espanhola, Day escreveu:

> É insensatez — parece loucura — dizer como dizemos — 'nós nos opomos ao uso da força como meio de resolver disputas pessoais, nacionais ou internacionais'... Sentimos que, se a imprensa e o público ao redor do mundo não falam nos termos dos conselhos evangélicos, quem mais o fará?[15]

Novamente, em junho de 1940, Day apelou aos conselhos evangélicos ao reafirmar a posição pacifista do movimento, a despeito do avanço da agressão nazista na Europa.[16] Aqui, ela cita o padre Stratmann, que escreve:

> Mais do que todos, aquele que se opõe à guerra deve ser limpo por dentro. Sua paixão por justiça não pode ser maculada por sujeira escondida. Enquanto os pacifistas forem a minoria, deixe-os começar com uma batalha permanente contra tudo o que há de mal em si mesmos.[17]

Em outros contextos, Day recomendou os conselhos evangélicos a todos, indo além de uns poucos selecionados, como parte de nosso chamado geral à santidade,[18] apesar de admitir que "não conseguimos estar à altura disso".[19] Aqui, como em outras áreas, Dorothy Day pode ser vista como tendo se antecipado ao Segundo Concílio Vaticano; a ênfase do Concílio no chamado dos laicos à santidade é um movimento afastado do tipo de ética de duas medidas, segundo a qual os religiosos eram chamados a viver os conselhos evangélicos, e os laicos eram vistos como estando presos a padrões mais baixos. Nessa seção da laicidade, a *Lumen gentium* diz que todos os membros da Igreja compartilham "a mesma vocação para a perfeição".[20]

"Nós somos os culpados pela guerra": sobre violência e culpa no Corpo Místico de Cristo

O que muitos falham em enxergar é que a fala de Day sobre os conselhos evangélicos é sempre analisada dentro de sua visão mais ampla sobre o Corpo Místico de Cristo, que forma o critério fundamental no cerne de todas as suas reflexões sobre violência e de todas as suas reflexões sobre qualquer tema. William Miller cita Day como tendo dito: "O Corpo Místico é a doutrina por trás de todos os nossos esforços."[21] Para Day, a violência justificada é impensável não somente por ser contraproducente ou por ser contra a lei de Deus, mas também porque representa os membros de um mesmo corpo destruindo uns aos outros. Mas, da mesma forma que todas as pessoas compartilham um mesmo amor dentro desse corpo, também compartilham toda a culpa. A força mística que liga todas as pessoas umas às outras também liga nossos destinos de um modo tal que ninguém está livre da responsabilidade pelo pecado que impede o corpo de ser o que foi chamado a ser.

É amplamente conhecido que o Corpo Místico de Cristo era a base sobre a qual Day se opunha à guerra. Em seu artigo "O Corpo Místico e a Espanha", ela começa por citar o papa São Clemente de Roma: "Por que os Membros de Cristo dilaceram uns aos outros; por que nos levantamos contra nosso próprio corpo em tamanha loucura; esquecemo-nos que somos todos membros uns dos outros?"[22] Ela então apela a ambos os lados da Guerra Civil Espanhola para que acabem com a matança. Day descarta considerações sobre justiça em favor de qualquer um dos lados, concluindo que há bastante certo e errado em ambos. O que a preocupa é simplesmente o ato físico de matar, não importa por que razões. "Lembrem-se apenas que o Corpo está dilacerado, e a única solução é o amor."[23] O mesmo apelo à realidade física do Corpo de Cristo forma a base da abordagem de Day sobre a Segunda Guerra e todas as outras guerras. Seu artigo de 1942, intitulado "Por que os membros de Cristo dilaceram-se uns aos outros?", começa com a mesma citação de São Clemente e continua com uma defesa do pacifismo do Movimento Operário Católico contra acusações de covardia e sentimentalismo. Ela convida aqueles que fazem tais acusações a viver como os membros do Movimento Operário Católico, nos guetos sem aquecimento, infestados de insetos, com os pobres loucos, bêbados e cobertos de piolhos.[24] O objetivo de Day não é simplesmente defender sua coragem e a de seus colegas, mas falar mais profundamente acerca da interconexão do sofrimento no Corpo de Cristo. Os membros do Movimento Operário Católico podem não estar na batalha como os soldados, mas sentem os efeitos da "monstruosa injustiça da luta de classes",[25] que força as pessoas a viver na pobreza e na miséria involuntárias. Porque somos todos membros do mesmo corpo, devemos sentir o sofrimento dos outros e tentar aliviá-lo. em vez de infringi-lo. Mas o alívio do sofrimento nunca pode ser conseguido de longe; deve ser sempre um compartilhamento do sofrimento, uma captura do sofrimento. Day passa de falar do sofrimento a falar de amor. O amor deve sempre ser a absorção do sofrimento alheio. Como ela escreve: "O amor não é matar, é dar sua própria vida pela de um amigo."[26]

Há mais do que um pouco de sofrimento expiatório nos escritos de Day. Ao escrever sobre "A incompatibilidade entre amor e violência", ela escreve:"Nós amamos a vida, nós temos fome e sede de vida e somente o sofrimento nos traz à vida. Para isso somos colocados no mundo, para amar e dar nossas vidas pela dos outros."[27] A forte identificação com Cristo que a ideia do Corpo Místico implica indica sofrimento pelos pecados dos outros. "Porque Deus não pode nos identificar com Seu Cristo a menos que Ele nos conforme Sua Paixão."[28] Durante a Segunda Guerra, Day escreve:

> Você pode escrever e escrever, protestando contra a política do presidente de aceitar o bloqueio britânico... Trabalhar e rezar, ou rezar para que Deus lhe mostre o que fazer nesses dias terríveis. Estes são os dias em que as pessoas se aglomeram nas igrejas, nas grades de comunhão... Para rezar, para trabalhar pela paz em toda maneira que puder, para se sacrificar e fazer penitência pelos nossos pecados como nação, este programa é aberto a todos.[29]

Não fica inteiramente claro se a Igreja e o Movimento Operário Católico estão incluídos entre os culpados da nação; em outras palavras, não está claro se eles estão sofrendo por seus próprios pecados ou pelos pecados dos outros. Tirada de contexto, a fala de Day sobre o sofrimento como resposta à guerra pode ser vista como o sofrimento expiatório dos puros em favor daqueles que empunham o pecaminoso instrumento da violência.

Para ler Day dessa maneira, no entanto, seria preciso ignorar sua repetida ênfase no contexto da guerra, na penitência e na culpa compartilhada por ela e seus companheiros. Em seu artigo sobre o Corpo Místico e a Espanha, ela escreve: "Cristo ofereceu Sua morte pelos pecados do mundo. Então oferecemos nossa dor e sofrimento voluntário e involuntário pelos pecados do mundo, meus e dos outros."[30] Quando Day escreve no contexto da Segunda Guerra Mundial, "Nós estamos esmagados sob o peso de nossa culpa em deixar nossos irmãos na Europa com fome",[31] podemos sentir sua angústia voltada para dentro, não para os outros. Um mês depois do ataque de Pearl Harbor, ela reiterou a posição pacifista do movimento, denunciando a guerra e citando o chamado à oração para o fim da violência do padre Orchard. Mas somente oração não é o bastante.

> Deixe-nos acrescentar que, a menos que juntemos essa prece à caridade, a dar aos menores filhos de Deus, a jejuar para que possamos ajudar a alimentar os famintos, e a fazer penitência para reconhecer nossa parcela de culpa, nossas preces se tornam palavras vazias.[32]

Do mesmo modo, Day repetidamente clamou por atos de penitência pela culpa compartilhada de ser cidadão do país que lançou armas atômicas no Japão.[33] Em seu último discurso público, no Congresso Eucarístico do 31º aniversário da destruição de Hiroshima, ela pediu que a missa militar e todas as missas daquele dia fossem "um ato de penitência, implorando perdão a Deus".[34] "É um pensamento aterrador, que a menos que façamos penitência, pereceremos".[35]

Em nenhum outro momento, Dorothy Day enfatiza mais a culpa pessoal e compartilhada do que em seu artigo "Por que os membros de Cristo dilaceram-se uns aos outros?". Ela cita o Padre Zossima de *Os irmãos Karamazov*, de Dostoiévski, uma obra à qual frequentemente recorria e que teve um profundo efeito em sua teologia da salvação e culpa compartilhadas:

> "Amem uns aos outros, Padres", disse ele, falando a seus monges. "Amem o povo de Deus. Só porque nós viemos aqui e nos enclausuramos dentro dessas paredes, não somos mais santos do que aqueles do lado de fora, mas pelo contrário, pelo próprio fato de termos vindo para cá, cada um de nós confessou a si mesmo que é pior que os outros, que todos os homens sobre a Terra... Quando ele percebe que não é apenas pior que os outros, mas que é responsável por todos os homens e por todos e tudo, por todos os pecados humanos, nacionais e individuais, apenas aí o objetivo da nossa reclusão é alcançado. Pois saibam, meus caros, que cada um de nós é sem dúvida responsável por todos os homens e tudo na Terra, não meramente por meio do pecado geral da criação, mas cada um, pessoalmente, por toda a humanidade e cada homem individualmente. Pois monges não são um tipo especial de homens, mas sim o que todos os homens deveriam ser. Apenas através desse conhecimento nossos corações se enternecem com infinito, universal, inesgotável amor. Então cada um de vocês terá o poder de ganhar o mundo todo pelo amor e

lavar os pecados do mundo com suas lágrimas."[36]

A citação continua na mesma tendência. No fim, Dorothy Day acrescenta em sua própria voz: "Eu cito isso porque a acusação de 'santarrão' também é feita contra nós. E todos temos que admitir a nossa culpa, a nossa participação na ordem social que resultou nesse monstruoso crime da guerra."[37] Ela menciona um amigo louco que batia no peito e dizia que a guerra e a revolução eram sua culpa. "Esse deveria ser nosso grito, com cada bocado que comemos: 'Estamos deixando a Europa com fome!'"[38]

Além da autocondenação, Day destacava que a condenação dos outros devia ser evitada, apesar dos monstruosos males da guerra que ela identificava. Ela adverte seus leitores pacifistas que "nenhum jovem deve se considerar superior ao seu companheiro que responde ao chamado das armas".[39] Um motivo para isso, que esclarece em outra ocasião, é que há um elemento em nossas escolhas que está além de nosso controle, um elemento de sorte — ou melhor, providência — em que nos encontramos. "Ao mesmo tempo que mantemos esta posição, não estamos condenando aqueles que pegaram em armas e foram à guerra. Quem de nós como indivíduos, se estivesse na Espanha hoje, poderia dizer a ele o que fazer?"[40] Em relação a seus "inimigos", ou seja, aqueles que favorecem e praticam a guerra, ela jura evitar ser "maligna em nossa crítica", e declara: "Amamos nosso país e nosso presidente. Nós temos sido o único país no mundo em que homens de todas as nações se refugiaram da opressão."[41] E alerta contra a presunção ao se opor à guerra: "Lembrem-se, também, que os publicanos podem dizer, 'Graças a Deus não sou como os Fariseus' [...] Jesus amava os publicanos e os pecadores, Ele amava Seus inimigos."[42]

Apesar de ser inegável que o forte senso de solidariedade de Day em conectar indivíduos uns aos outros deve muito a seu conhecimento sobre socialismo, é na doutrina do Corpo Místico de Cristo que essa solidariedade alcança sua mais profunda expressão, a ponto de o antagonismo de classe ser superado por um amor que presume que os pecados do antagonismo são os próprios pecados, e os pecados de todos se tornam radicalmente comutáveis. Como Day professa em *De Union Square a Roma*:

> Estamos curvados com [Cristo] sob o peso não apenas dos nossos próprios pecados, mas também dos pecados de cada um, de todo o mundo. Nós somos aqueles contra quem se peca e aqueles que estão pecando. Nós nos identificamos com Ele, apenas com Ele. Somos membros do

Seu Corpo Místico.[43]

O que faz a atribuição de culpa a outrem — e a reivindicação de pureza de si mesmo ou de sua própria "seita" — impossível é o fato de que, no Corpo de Cristo, a distinção entre si mesmo e os outros se acaba. Se somos parte do mesmo corpo, então tanto os pecados quanto os méritos — tanto os sofrimentos quanto as alegrias, como diz Paulo aos Coríntios (I Co 12:26) — são divididos entre todos. Existe uma comutabilidade do pecado tal que, como diz Day, somos ao mesmo tempo aquele que peca e aquele contra quem se peca.

A tradição oriental ascética da qual Dostoiévski e seu personagem Padre Zossima vêm contém profundas reflexões sobre essa comutabilidade do pecado. Como escreve o teólogo ortodoxo John Zizioulas, os padres do deserto levavam o mal muito a sério, constantemente travando batalhas com demônios pela oração e pelo jejum. "Ainda assim, de maneira notável, eles insistiam que o outro deveria ser eximido de julgamento moral e categorização. Conseguiam isso não ao desconsiderar o mal, mas ao *transferi-lo do outro para si*."[44] Zizioulas menciona, por exemplo, Zozimas, um padre do deserto do século VI que escreveu que o pecado do outro não apenas deve ser perdoado, mas que o outro deve ser considerado um benfeitor por permitir a transferência da culpa do pecado do outro para si.[45] Se isso parece uma violação da justiça, uma designação de culpa à pessoa errada, precisamos nos lembrar de que toda a humanidade tem participação na queda. Ninguém é sem pecado e capaz de atirar a primeira pedra (Jo 8:7). A espiritualidade kenótica dos ascetas do deserto baseava-se nos objetivos gêmeos de desarraigar o autoamor, que é a raiz do pecado, e assumir as virtudes de Cristo. Em ambos os casos, há uma prioridade do outro sobre si, um tipo de autoesquecimento que marca o movimento erótico do amor. Como Cristo, abandona-se a si mesmo para se tornar um com o Outro máximo, que é Deus o Senhor.[46]

Nessa união erótica com o outro, a própria distinção entre si e o outro é eliminada. O estabelecimento da justiça — dar a cada um o que lhe é devido — passa a ter importância secundária, no máximo. Movemo-nos além do ético em direção ao ontológico, em que toda designação de culpa é superada pela total injustiça da redenção de Cristo. Não é apenas a crucificação de Cristo que é injusta; a injustiça é superada precisamente pela destruição da justiça na redenção de Cristo. Ninguém recebe o que merece, e isso é precisamente o significado de chamar o Evangelho de "as boas-novas". A redenção de Deus supera a separação entre o puro e o pecador, entre o amigo e o inimigo. De fato, podemos amar nossos inimigos, porque o inimigo somos nós. Ao declarar sua posição pacifista diante da raiva provocada por Pearl Harbor, Day cita o Sermão da Montanha:

> Ame os seus inimigos, faça o bem a quem te odeia, e reze por aqueles que te perseguem e caluniam, para que possam ser filhos do Pai no paraíso, daquele que faz Seu sol nascer sobre o bem e o mal, e manda a chuva sobre o justo e o injusto.[47]

Deus olha para o justo e o injusto com o mesmo amor; todos são pecadores e todos são redimidos.

Para Dorothy Day, o fato de Cristo ter abraçado a humanidade dessa forma e se redimido significa que toda a humanidade, sem exceção, participa em Cristo de uma forma ou de outra. O Corpo Místico de Cristo não é reservado apenas aos cristãos, ou apenas aos virtuosos. O Corpo Místico de Cristo é cósmico em sua extensão e abraça toda a humanidade junto com toda a criação. É precisamente por causa da profunda compreensão de Dorothy Day acerca da doutrina do Corpo Místico que é tão enganoso classificar o Movimento Operário Católico como uma seita. Em sua contribuição para o volume *A revolution of the heart*, Daniel DiDomizio declara:

> Esse estilo personalista, quase anarquista, conferiu ao Movimento Operário Católico uma identidade e espiritualidade similares às de uma seita. Assim como os membros de grupos sectários, os membros do Movimento Operário Católico tendem a se definir contra a sociedade ao seu redor.[48]

Mas nada poderia ser mais inclusivo do que a visão de Day sobre a participação profunda mútua no Corpo Místico de Cristo.

> Acreditamos que todos os homens são membros ou membros em potencial do Corpo Místico de Cristo. Isso inclui judeus, gentios, negros e brancos. Isso inclui nossos inimigos tanto quanto nossos amigos. Já que não há tempo em Deus, e já que nos é dito que todos os homens são membros ou membros em potencial do Corpo Místico de Cristo, isso significa que agora, no tempo presente, devemos olhar todos os homens com amor. Devemos superar todo o mal com o bem, todo o ódio com amor.[49]

Day repetidamente usa a frase "membros ou membros em potencial" como maneira de reconhecer que nesta vida nem todos reconhecem conscientemente a Cristo ou agem como se reconhecessem, mas apesar disso todos são incorporados à humanidade de Cristo. Quando vistos *sub specie aeternitatis*, ou seja, pelos olhos eternos de Deus, todos os seres humanos devem ser vistos agora como se fossem Cristo.

Esse aspecto do pensamento de Dorothy Day é amplamente reconhecido. Se virmos cada pessoa como Cristo, então trataremos todos com amor e hospitalidade, e certamente não os mataremos. Cristo é associado à virtude e à bondade. Mas há outro lado na adoção da humanidade por Cristo. É o Cristo das filas de comida, como na famosa xilogravura de 1939 de Fritz Eichenberg. É o Cristo de cabelos sujos e olhos fundos, o Cristo derrotado que fica horas em pé esperando por um prato de sopa e um pedaço de pão. Esse é o Cristo que não apenas foi injustiçado pelo pecado, mas que tomou o pecado para si. Esse é o Cristo que, como diz Paulo, tornou-se "uma maldição para nós" (Gl 3:13). Apesar de não ter pecado, Cristo de alguma forma tomou para si o pecado a fim de fazer a troca segundo a qual "por nós ele tornou pecado aquele que não tinha pecado, para que nele nos tornássemos justiça de Deus" (II Cor. 5:21). O Corpo de Cristo, em outras palavras, não é um corpo puro de virtude que se opõe a um mundo pecador. Em vez disso, é o lugar onde o pecado é absorvido e curado pelo processo de amor pelo qual os membros assumem os fardos dos pecados dos outros, tanto a consequência desses pecados como a culpa por eles.

3. Conclusão

Para Dorothy Day, assumir a culpa dos outros não era apenas uma atuação, não era fingir ser culpado, mesmo sabendo que a culpa pertencia àqueles pilotando os aviões que jogavam as bombas que explodiam os membros de crianças. Porque a revolução de Dorothy Day era uma revolução personalista; ela sabia que a solução para a violência era desenraizar a violência do próprio coração, e a única maneira de fazê-lo era primeiro reconhecer que a violência está lá, no coração de cada um de nós. A revolução personalista não era como a Revolução Comunista, em que o primeiro passo era reconhecer o inimigo da classe. Ela achava que acabar com a guerra não era questão de matar as pessoas certas. Ela achava que a guerra acabaria quando as pessoas simplesmente se recusassem a matar outras, não por desejo de se tornarem puras, mas por um reconhecimento humilde e completamente realista de que não eram boas o bastante para usar bem a violência.

Notas

1 We are to blame for new war in Europe. *The Catholic Worker*, n. 7, p. 1, 4, set. 1939.

2 David J. O'Brien. Join it, work it, fight it: American catholics and the catholic way. *Commonweal*, v. 116, n. 20, p. 626, 17 nov. 1989.

3 Ver ibidem, p. 630, em que O'Brien se refere a "puristas evangélicos".

4 Ibidem, p. 627.

5 Ibidem, p. 628.

6 Ibidem, p. 630.

7 Max Weber. On church, sect, and mysticism. *Sociological Analysis*, n. 34, p.140-149, 1973.

8 Ernst Troeltsch. *The social teaching of the Christian churches*. Tradução de Olive Wyon. Nova York: Harper & Row, 1960. v. 1, p. 331.

9 Ibidem, p. 340.

10 Ibidem.

11 Ibidem, p. 337.

12 Daniel M. Bell Jr. *Liberation theology after the end of history:* the refusal to cease suffering. Londres: Routledge, 2001.

13 Ivan Petrella. *The future of Liberation Theology*: an argument and manifesto. Londres: SCM Press, 2006. p. 130. Como indicam os títulos em latim para as duas cidades, Petrella identifica essa tendência em Milbank e Hauerwas com seu "resgate de uma visão agostiniana da História" (ibidem). Santo Agostinho, no entanto, enfatizava a interligação das duas cidades na Terra e a impossibilidade de separá-las antes do fim dos dias (ver *The city of God*. Tradução de Henry Bettenson. Harmondsworth: Penguin, 1972. I.35, XVIII.49).

14 Ibidem.

15 Dorothy Day. Explains CW stand on use of force. *The Catholic Worker*, p. 1, set. 1938.

16 Dorothy Day. Our stand. *The Catholic Worker*, p. 4, jun. 1940. "Nós recomendamos o que parece uma impossibilidade — usar a não violência para opor a injustiça, a servidão e a privação como modo de se apegar à fé. É de novo a Insensatez da Cruz. Mas de que outra forma a Palavra de Deus seria mantida viva nesse mundo? A Palavra é Amor, e estamos ordenados a amar a Deus e uns aos outros. É toda a lei, é toda a vida. Nada mais importa. Podemos fazer nosso melhor em meio a tamanho horror quanto o que está acontecendo nos últimos meses matando ou oferecendo nossas vidas por nossos irmãos? É difícil escrever isso em tempos como esse, quando milhões estão morrendo ao fazer o que consideram seu dever, o que é 'bom' para eles fazerem. Mas se a imprensa católica não defender a maneira melhor, os conselhos evangélicos estarão perdidos para o mundo."

17 Ibidem.

18 Ver Dorothy Day. Security. *The Catholic Worker*, p. 4, jul./ago. 1935, e Called to be saints. *The Catholic Worker*, p. 2, jan. 1946.

19 Dorothy Day. Poverty and pacifism. *The Catholic Worker*, p. 1, dez. 1944. "E precisamos manter isso em mente, reconhecer a verdade nisso, a necessidade disso, mesmo que não consigamos viver à Sua altura. Como a perfeição. Somos ordenados a ser tão perfeitos quanto nosso Pai celestial, e tentamos fazê-lo, com nossas intenções, mesmo que na execução fracassemos no objetivo repetidamente. São Paulo diz que é de pouco em pouco que prosseguimos."

20 Concílio Vaticano II. *Dogmatic constitution on the Church* (*Lumen gentium*), §32: "Portanto, o povo escolhido de Deus é um: 'um Senhor, uma fé, um batismo'; dividindo uma dignidade comum como membros de sua regeneração em Cristo, tendo a mesma graça filial e a mesma vocação para a perfeição; possuindo a mesma salvação comum, uma esperança e uma caridade comum."

21 Dorothy Day apud William D. Miller. *A harsh and dreadful love*: Dorothy Day and the Catholic Worker Movement. Nova York: Liveright, 1973.

22 Dorothy Day. The mystical body and Spain. *The Catholic Worker*, p. 4, ago. 1936.

23 Ibidem.

24 Dorothy Day. Why do the members of Christ tear one another?. *The Catholic Worker*, p. 1, fev. 1942.

25 Ibidem.

26 Ibidem.

27 Dorothy Day. The incompatibility of love and violence. *The Catholic Worker*, p. 2, maio 1951.

28 Dorothy Day. Day after day. *The Catholic Worker*, p. 1, nov. 1941 Aqui, Day cita *The splendor of the liturgy*, de Zundel.

29 Ibidem.

30 Dorothy Day. The mystical body and Spain. Op. cit., p. 4.

31 Dorothy Day. Day after day. Op. cit., p. 1, nov. 1941.

32 Dorothy Day. Our country passes from undeclared war to declared war; we continue our Christian pacifist stand. *The Catholic Worker*, p. 4, jan. 1942.

33 Ver Dorothy Day. What is happening? Trial continued until Nov. 16. *The Catholic Worker*, p. 2, nov. 1955.

34 Dorothy Day. Bread for the hungry. *The Catholic Worker*, p. 1, 5, set. 1976.

35 Ibidem.

36 Fiodor Dostoiévski apud Dorothy Day. Why do the members of Christ tear one another?. Op. cit., p. 7.

37 Dorothy Day. Why do the members of Christ tear one another?. Op. cit., p. 7.

38 Ibidem.

39 Fr. Stratmann apud Dorothy Day. Our stand. Op. cit., p. 4.

40 Dorothy Day. Explains CW stand on use of force. Op. cit., p. 4.

41 Dorothy Day. Our country passes from undeclared war to declared war; we continue our Christian pacifist stand. Op. cit., p. 1.

42 Dorothy Day. The mystical body and Spain. Op. cit., p. 4.

43 Dorothy Day. *From Union Square to Rome*. Nova York: Arno Press, 1978. p. 12.

44 John Zizioulas. *Communion and otherness*. Edimburgo: T. & T. Clark, 2006. p. 82.

45 Ibidem, p. 83. Embora se acredite que o Padre Zossima de Dostoiévski tenha sido baseado no bispo russo do século XVIII Tikhon of Zadonsk, é possível que o personagem de Dostoiévski tenha recebido o nome do asceta do século VI.

46 Ibidem, p. 83-86.

47 Apud Dorothy Day. Our country passes from undeclared war to declared war; we continue our Christian pacifist stand. Op. cit., p. 1.

48 Daniel DiDomizio. The prophetic spirituality of *The Catholic Worker*. In: Patrick G. Coy (Ed.). *A revolution of the heart*: essays on *The Catholic Worker*. Filadélfia: Temple University Press, 1988. p. 232.

49 Aims and purposes. *The Catholic Worker*, p. 7, jan. 1939.

Sobre os autores

Benjamin Peters
Tem Ph.D. em Teologia pela University of Dayton e é professor convidado de Teologia na University of Saint Joseph. Publicou diversos artigos acadêmicos e seu livro *Called to be saints: John Hugo, the catholic worker retreat, and a theology of radical christianity* (Chamados a ser santos: John Hugo, o retiro do trabalhador católico e uma teologia de cristianismo radical) está sendo publicado pela Marquette University Press.

Maria Clara Lucchetti Bingemer
É professora de Teologia na Pontifícia Universidade Católica do Rio de Janeiro (PUC-Rio). Uma das principais teólogas da América Latina, é co-autora de *Maria: mãe de Deus e mãe dos pobres*, além de ter vários outros livros publicados em vários idiomas.

Michael L. Baxter
É professor no Departamento de Estudos Religiosos da Universidade Regis, em Denver, Colorado, doutor em Teologia e Ética na Universidade de Duke e também lecionou na Universidade de Notre Dame e na DePaul University. É autor de numerosos artigos e ensaios e os está reunindo em uma coleção intitulada "Contra o Grão-americanista: rumo a uma contratradição da ética social católica nos Estados Unidos" (Cascade Press).

Michael L. Budde
É professor de Estudos Católicos e Ciência Política na DePaul University, em Chicago. É também estudioso pesquisador sênior (*senior research scholar*) no Centro para Catolicismo Mundial e Teologia Intercultural da universidade. Escreveu ou editou sete livros e publicou artigos em várias

revistas acadêmicas. Seu trabalho foca as interações entre eclesiologia, economia política e cultura.

Padre Leonardo Agostini Fernandes
Sacerdote da Arquidiocese de São Sebastião do Rio de Janeiro, é doutor em Teologia Bíblica pela Pontifícia Universidade Gregoriana de Roma (PUG-Roma), diretor e professor de Sagrada Escritura no Departamento de Teologia na Pontifícia Universidade Católica do Rio de Janeiro (PUC-Rio) e professor de Sagrada Escritura do Instituto Superior de Teologia da Arquidiocese do Rio de Janeiro (ISTARJ). É membro da Associação Bíblica Brasileira (Abib), da Associação Bíblica Italiana (ABI), da Sociedade de Teologia e Ciências da Religião (Soter), da Society of Biblical Literature (SBL) e do grupo de pesquisa Tradução e Interpretação do Antigo Testamento (Tiat) junto ao CNPq.

Paulo Fernando Carneiro de Andrade
É doutor em Teologia pela Pontifícia Universidade Gregoriana de Roma (PUG-Roma), professor do Departamento de Teologia e decano do Centro de Teologia e Ciências Humanas (CTCH) da Pontifícia Universidade Católica do Rio de Janeiro (PUC-Rio).

William Cavanaugh
É diretor do Centro de Catolicismo Mundial e Teologia Intercultural e professor de Estudos Católicos na DePaul University, Chicago. Sua formação foi nas universidades de Notre Dame, Cambridge e Duke. É autor de seis livros e editor de outros três. Seus livros e artigos já foram traduzidos em nove línguas.